T&P BOOKS

AFRICÂNER

VOCABULÁRIO

PORTUGUÊS BRASILEIRO

PORTUGUÊS AFRICÂNER

Para alargar o seu léxico e apurar
as suas competências linguísticas

7000 palavras

Vocabulário Português Brasileiro-Africâner - 7000 palavras

Por Andrey Taranov

Os vocabulários da T&P Books destinam-se a ajudar a aprender, a memorizar, e a rever palavras estrangeiras. O dicionário é dividido em temas, cobrindo todas as principais esferas de atividades quotidianas, negócios, ciência, cultura, etc.

O processo de aprendizagem, utilizando os dicionários baseados em temáticas da T&P Books dá-lhe as seguintes vantagens:

- Informação de origem corretamente agrupada predetermina o sucesso em fases subsequentes da memorização de palavras
- Disponibilização de palavras derivadas da mesma raiz, o que permite a memorização de unidades de texto (em vez de palavras separadas)
- Pequenas unidades de palavras facilitam o processo de estabelecimento de vínculos associativos necessários para a consolidação do vocabulário
- O nível de conhecimento da língua pode ser estimado pelo número de palavras aprendidas

Copyright © 2019 T&P Books Publishing

T&P Books Publishing
www.tpbooks.com

ISBN: 978-1-78767-317-5

Este livro também está disponível em formato E-book.
Por favor visite www.tpbooks.com ou as principais livrarias on-line.

VOCABULÁRIO AFRICÂNER
palavras mais úteis

Os vocabulários da T&P Books destinam-se a ajudar a aprender, a memorizar, e a rever palavras estrangeiras. O vocabulário contém mais de 7000 palavras de uso comum organizadas tematicamente.

O vocabulário contém as palavras mais comummente usadas
Recomendado como adicional para qualquer curso de línguas
Satisfaz as necessidades dos iniciados e dos alunos avançados de línguas estrangeiras
Conveniente para o uso diário, sessões de revisão e atividades de auto-teste
Permite avaliar o seu vocabulário

Características especias do vocabulário

- As palavras estão organizadas de acordo com o seu significado, e não por ordem alfabética
- As palavras são apresentadas em três colunas para facilitar os processos de revisão e auto-teste
- As palavras compostas são divididas em pequenos blocos para facilitar o processo de aprendizagem
- O vocabulário oferece uma transcrição simples e adequada de cada palavra estrangeira

O vocabulário contém 198 tópicos incluindo:

Conceitos básicos, Números, Cores, Meses, Estações do ano, Unidades de medida, Roupas & Acessórios, Alimentos & Nutrição, Restaurante, Membros da Família, Parentes, Caráter, Sentimentos, Emoções, Doenças, Cidade, Passeios, Compras, Dinheiro, Casa, Lar, Escritório, Trabalho no Escritório, Importação & Exportação, Marketing, Pesquisa de Emprego, Esportes, Educação, Computador, Internet, Ferramentas, Natureza, Países, Nacionalidades e muito mais ...

TABELA DE CONTEÚDOS

GUIA DE PRONUNCIAÇÃO

Alfabeto fonético T&P	Exemplo africâner	Exemplo Português
[a]	land	chamar
[ã]	straat	rapaz
[æ]	hout	semana
[o], [ɔ]	Australië	noite
[e]	metaal	metal
[ɛ]	aanlê	mesquita
[ə]	filter	milagre
[ı]	uur	sinônimo
[i]	billik	sinônimo
[ĩ]	naïef	cair
[o]	koppie	lobo
[ø]	akteur	orgulhoso
[œ]	fluit	orgulhoso
[u]	hulle	bonita
[ʊ]	hout	bonita
[b]	bakker	barril
[d]	donder	dentista
[f]	navraag	safári
[g]	burger	gosto
[h]	driehoek	[h] aspirada
[j]	byvoeg	Vietnã
[k]	kamera	aquilo
[l]	loon	libra
[m]	môre	magnólia
[n]	neef	natureza
[p]	pyp	presente
[r]	rigting	riscar
[s]	oplos	sanita
[t]	lood, tenk	tulipa
[v]	bewaar	fava
[w]	oorwinnaar	página web
[z]	zoem	sésamo
[dʒ]	enjin	adjetivo
[ʃ]	artisjok	mês
[ŋ]	kans	alcançar
[ʧ]	tjek	Tchau!
[ʒ]	beige	talvez
[x]	agent	fricativa uvular surda

ABREVIATURAS
usadas no vocabulário

Abreviaturas do Português

adj	-	adjetivo
adv	-	advérbio
anim.	-	animado
conj.	-	conjunção
desp.	-	esporte
etc.	-	Etcetera
ex.	-	por exemplo
f	-	nome feminino
f pl	-	feminino plural
fem.	-	feminino
inanim.	-	inanimado
m	-	nome masculino
m pl	-	masculino plural
m, f	-	masculino, feminino
masc.	-	masculino
mat.	-	matemática
mil.	-	militar
pl	-	plural
prep.	-	preposição
pron.	-	pronome
sb.	-	sobre
sing.	-	singular
v aux	-	verbo auxiliar
vi	-	verbo intransitivo
vi, vt	-	verbo intransitivo, transitivo
vr	-	verbo reflexivo
vt	-	verbo transitivo

CONCEITOS BÁSICOS

Conceitos básicos. Parte 1

1. Pronomes

eu	ek, my	[ɛk], [maj]
você	jy	[jaj]
ele, ela	hy, sy, dit	[haj], [saj], [dit]
nós	ons	[ɔŋs]
vocês	julle	[jullə]
o senhor, -a	u	[u]
senhores, -as	u	[u]
eles	hulle	[hullə]
elas	hulle	[hullə]

2. Cumprimentos. Saudações. Despedidas

Oi!	Hallo!	[hallo!]
Olá!	Hallo!	[hallo!]
Bom dia!	Goeie môre!	[χuje mɔrə!]
Boa tarde!	Goeiemiddag!	[χuje·middaχ!]
Boa noite!	Goeienaand!	[χuje·nãnt!]
cumprimentar (vt)	dagsê	[daχsɛ:]
Oi!	Hallo!	[hallo!]
saudação (f)	groet	[χrut]
saudar (vt)	groet	[χrut]
Como vai?	Hoe gaan dit?	[hu χãn dit?]
E aí, novidades?	Hoe gaan dit?	[hu χãn dit?]
Tchau!	Totsiens!	[totsiŋs!]
Até logo!	Koebaai!	[kubãi!]
Até breve!	Totsiens!	[totsiŋs!]
Adeus! (sing.)	Mooi loop!	[moj loəp!]
Adeus! (pl)	Vaarwel!	[fãrwel!]
despedir-se (dizer adeus)	afskeid neem	[afskæjt neəm]
Até mais!	Koebaai!	[kubãi!]
Obrigado! -a!	Dankie!	[danki!]
Muito obrigado! -a!	Baie dankie!	[baje danki!]
De nada	Plesier	[plesir]
Não tem de quê	Plesier!	[plesir!]
Não foi nada!	Plesier	[plesir]
Desculpa!	Ekskuus!	[ɛkskɪs!]

| Desculpe! | Verskoon my! | [ferskoən maj!] |
| desculpar (vt) | verskoon | [ferskoən] |

desculpar-se (vr)	verskoning vra	[ferskoniŋ fra]
Me desculpe	Verskoning	[ferskoniŋ]
Desculpe!	Ek is jammer!	[ɛk is jammər!]
perdoar (vt)	vergewe	[ferχevə]
Não faz mal	Maak nie saak nie!	[māk ni sāk ni!]
por favor	asseblief	[asseblif]

Não se esqueça!	Vergeet dit nie!	[ferχeət dit ni!]
Com certeza!	Beslis!	[beslis!]
Claro que não!	Natuurlik nie!	[natɪrlik ni!]
Está bem! De acordo!	OK!	[okej!]
Chega!	Dis genoeg!	[dis χenuχ!]

3. Números cardinais. Parte 1

zero	nul	[nul]
um	een	[eən]
dois	twee	[tweə]
três	drie	[dri]
quatro	vier	[fir]

cinco	vyf	[fajf]
seis	ses	[ses]
sete	sewe	[sevə]
oito	ag	[aχ]
nove	nege	[neχə]

dez	tien	[tin]
onze	elf	[ɛlf]
doze	twaalf	[twālf]
treze	dertien	[dertin]
catorze	veertien	[feərtin]

quinze	vyftien	[fajftin]
dezesseis	sestien	[sestin]
dezessete	sewetien	[sevətin]
dezoito	agtien	[aχtin]
dezenove	negetien	[neχetin]

vinte	twintig	[twintəχ]
vinte e um	een-en-twintig	[eən-en-twintəχ]
vinte e dois	twee-en-twintig	[tweə-en-twintəχ]
vinte e três	drie-en-twintig	[dri-en-twintəχ]

trinta	dertig	[dertəχ]
trinta e um	een-en-dertig	[eən-en-dertəχ]
trinta e dois	twee-en-dertig	[tweə-en-dertəχ]
trinta e três	drie-en-dertig	[dri-en-dertəχ]

| quarenta | veertig | [feərtəχ] |
| quarenta e um | een-en-veertig | [eən-en-feərtəχ] |

| quarenta e dois | twee-en-veertig | [twee-en-feertəx] |
| quarenta e três | vier-en-veertig | [fir-en-feertəx] |

cinquenta	vyftig	[fajftəx]
cinquenta e um	een-en-vyftig	[een-en-fajftəx]
cinquenta e dois	twee-en-vyftig	[twee-en-fajftəx]
cinquenta e três	drie-en-vyftig	[dri-en-fajftəx]

sessenta	sestig	[sestəx]
sessenta e um	een-en-sestig	[een-en-sestəx]
sessenta e dois	twee-en-sestig	[twee-en-sestəx]
sessenta e três	drie-en-sestig	[dri-en-sestəx]

setenta	sewentig	[seventəx]
setenta e um	een-en-sewentig	[een-en-seventəx]
setenta e dois	twee-en-sewentig	[twee-en-seventəx]
setenta e três	drie-en-sewentig	[dri-en-seventəx]

oitenta	tagtig	[taxtəx]
oitenta e um	een-en-tagtig	[een-en-taxtəx]
oitenta e dois	twee-en-tagtig	[twee-en-taxtəx]
oitenta e três	drie-en-tagtig	[dri-en-taxtəx]

noventa	negentig	[nexentəx]
noventa e um	een-en-negentig	[een-en-nexentəx]
noventa e dois	twee-en-negentig	[twee-en-nexentəx]
noventa e três	drie-en-negentig	[dri-en-nexentəx]

4. Números cardinais. Parte 2

cem	honderd	[hondərt]
duzentos	tweehonderd	[twee·hondərt]
trezentos	driehonderd	[dri·hondərt]
quatrocentos	vierhonderd	[fir·hondərt]
quinhentos	vyfhonderd	[fajf·hondərt]
seiscentos	seshonderd	[ses·hondərt]
setecentos	sewehonderd	[seve·hondərt]
oitocentos	aghonderd	[ax·hondərt]
novecentos	negehonderd	[nexe·hondərt]

mil	duisend	[dœisent]
dois mil	tweeduisend	[twee·dœisent]
três mil	drieduisend	[dri·dœisent]
dez mil	tienduisend	[tin·dœisent]
cem mil	honderdduisend	[hondərt·dajsent]
um milhão	miljoen	[miljun]
um bilhão	miljard	[miljart]

5. Números. Frações

| fração (f) | breuk | [brøək] |
| um meio | helfte | [hɛlftə] |

| um terço | derde | [derdə] |
| um quarto | kwart | [kwart] |

um oitavo	agste	[aχstə]
um décimo	tiende	[tində]
dois terços	twee derde	[tweə derdə]
três quartos	driekwart	[drikwart]

6. Números. Operações básicas

subtração (f)	aftrekking	[aftrɛkkiŋ]
subtrair (vi, vt)	aftrek	[aftrek]
divisão (f)	deling	[deliŋ]
dividir (vt)	deel	[deəl]

adição (f)	optelling	[optɛlliŋ]
somar (vt)	optel	[optəl]
adicionar (vt)	optel	[optəl]
multiplicação (f)	vermenigvuldiging	[fermeniχ·fuldəχiŋ]
multiplicar (vt)	vermenigvuldig	[fermeniχ·fuldəχ]

7. Números. Diversos

algarismo, dígito (m)	syfer	[sajfər]
número (m)	nommer	[nommər]
numeral (m)	telwoord	[tɛlwoərt]
menos (m)	minusteken	[minus·tekən]
mais (m)	plusteken	[plus·tekən]
fórmula (f)	formule	[formulə]

| cálculo (m) | berekening | [berekeniŋ] |
| contar (vt) | tel | [təl] |

| calcular (vt) | optel | [optəl] |
| comparar (vt) | vergelyk | [ferχəlajk] |

| Quanto, -os, -as? | Hoeveel? | [hufeəl?] |
| soma (f) | som, totaal | [som], [totãl] |

| resultado (m) | resultaat | [resultãt] |
| resto (m) | oorskot | [oərskot] |

| pouco (~ tempo) | min | [min] |
| poucos, poucas | min | [min] |

| resto (m) | die res | [di res] |
| dúzia (f) | dosyn | [dosajn] |

ao meio	middeldeur	[middəldøər]
em partes iguais	gelyk	[χelajk]
metade (f)	helfte	[hɛlftə]
vez (f)	maal	[mãl]

8. Os verbos mais importantes. Parte 1

abrir (vt)	oopmaak	[oəpmāk]
acabar, terminar (vt)	klaarmaak	[klārmāk]
aconselhar (vt)	aanraai	[ānrāi]
adivinhar (vt)	raai	[rāi]
advertir (vt)	waarsku	[vārsku]
ajudar (vt)	help	[hɛlp]
almoçar (vi)	gaan eet	[χān eət]
alugar (~ um apartamento)	huur	[hɪr]
amar (pessoa)	liefhê	[lifhɛ:]
ameaçar (vt)	dreig	[dræjχ]
anotar (escrever)	opskryf	[opskrajf]
apressar-se (vr)	opskud	[opskut]
arrepender-se (vr)	jammer wees	[jammər veəs]
assinar (vt)	teken	[tekən]
brincar (vi)	grappies maak	[χrappis māk]
brincar, jogar (vi, vt)	speel	[speəl]
buscar (vt)	soek …	[suk …]
caçar (vi)	jag	[jaχ]
cair (vi)	val	[fal]
cavar (vt)	grawe	[χravə]
chamar (~ por socorro)	roep	[rup]
chegar (vi)	aankom	[ānkom]
chorar (vi)	huil	[hœil]
começar (vt)	begin	[beχin]
comparar (vt)	vergelyk	[ferχəlajk]
concordar (dizer "sim")	saamstem	[sāmstem]
confiar (vt)	vertrou	[fertræʊ]
confundir (equivocar-se)	verwar	[ferwar]
conhecer (vt)	ken	[ken]
contar (fazer contas)	tel	[təl]
contar com …	reken op …	[reken op …]
continuar (vt)	aangaan	[ānχān]
controlar (vt)	kontroleer	[kontroleər]
convidar (vt)	uitnooi	[œitnoj]
correr (vi)	hardloop	[hardloəp]
criar (vt)	skep	[skep]
custar (vt)	kos	[kos]

9. Os verbos mais importantes. Parte 2

dar (vt)	gee	[χeə]
decorar (enfeitar)	versier	[fersir]
defender (vt)	verdedig	[ferdedəχ]
deixar cair (vt)	laat val	[lāt fal]
descer (para baixo)	afkom	[afkom]

desculpar (vt)	verskoon	[ferskoən]
desculpar-se (vr)	verskoning vra	[ferskoniŋ fra]
dirigir (~ uma empresa)	beheer	[beheər]
discutir (notícias, etc.)	bespreek	[bespreək]
disparar, atirar (vi)	skiet	[skit]
dizer (vt)	sê	[sɛ:]
duvidar (vt)	twyfel	[twajfəl]
encontrar (achar)	vind	[fint]
enganar (vt)	bedrieg	[bedrəχ]
entender (vt)	verstaan	[ferstãn]
entrar (na sala, etc.)	binnegaan	[binnəχãn]
enviar (uma carta)	stuur	[stɪr]
escolher (vt)	kies	[kis]
esconder (vt)	wegsteek	[veχsteək]
escrever (vt)	skryf	[skrajf]
esperar (aguardar)	wag	[vaχ]
esperar (ter esperança)	hoop	[hoəp]
esquecer (vt)	vergeet	[ferχeət]
estar (vi)	wees	[veəs]
estudar (vt)	studeer	[studeər]
exigir (vt)	eis	[æjs]
existir (vi)	bestaan	[bestãn]
explicar (vt)	verduidelik	[ferdœidəlik]
falar (vi)	praat	[prãt]
faltar (a la escuela, etc.)	bank	[bank]
fazer (vt)	doen	[dun]
ficar em silêncio	stilbly	[stilblaj]
gabar-se (vr)	spog	[spoχ]
gostar (apreciar)	hou van	[hæʊ fan]
gritar (vi)	skreeu	[skriʊ]
guardar (fotos, etc.)	bewaar	[bevãr]
informar (vt)	in kennis stel	[in kɛnnis stəl]
insistir (vi)	aandring	[ãndriŋ]
insultar (vt)	beledig	[beledəχ]
interessar-se (vr)	belangstel in ...	[belaŋstəl in ...]
ir (a pé)	gaan	[χãn]
ir nadar	gaan swem	[χãn swem]
jantar (vi)	aandete gebruik	[ãndetə χebrœik]

10. Os verbos mais importantes. Parte 3

ler (vt)	lees	[leəs]
libertar, liberar (vt)	bevry	[befraj]
matar (vt)	doodmaak	[doədmãk]
mencionar (vt)	verwys na	[ferwajs na]
mostrar (vt)	wys	[vajs]
mudar (modificar)	verander	[ferandər]

nadar (vi)	swem	[swem]
negar-se a ... (vr)	weier	[væjer]
objetar (vt)	beswaar maak	[beswãr mãk]
observar (vt)	waarneem	[vãrneəm]
ordenar (mil.)	beveel	[befeəl]
ouvir (vt)	hoor	[hoər]
pagar (vt)	betaal	[betãl]
parar (vi)	stilhou	[stilhæʋ]
parar, cessar (vt)	ophou	[ophæʋ]
participar (vi)	deelneem	[deəlneəm]
pedir (comida, etc.)	bestel	[bestəl]
pedir (um favor, etc.)	vra	[fra]
pegar (tomar)	vat	[fat]
pegar (uma bola)	vang	[faŋ]
pensar (vi, vt)	dink	[dink]
perceber (ver)	raaksien	[rãksin]
perdoar (vt)	vergewe	[ferχevə]
perguntar (vt)	vra	[fra]
permitir (vt)	toestaan	[tustãn]
pertencer a ... (vi)	behoort aan ...	[behoərt ãn ...]
planejar (vt)	beplan	[beplan]
poder (~ fazer algo)	kan	[kan]
possuir (uma casa, etc.)	besit	[besit]
preferir (vt)	verkies	[ferkis]
preparar (vt)	kook	[koək]
prever (vt)	voorsien	[foərsin]
prometer (vt)	beloof	[beloəf]
pronunciar (vt)	uitspreek	[œitspreək]
propor (vt)	voorstel	[foərstəl]
punir (castigar)	straf	[straf]
quebrar (vt)	breek	[breək]
queixar-se de ...	kla	[kla]
querer (desejar)	wil	[vil]

11. Os verbos mais importantes. Parte 4

ralhar, repreender (vt)	uitvaar teen	[œitfãr teən]
recomendar (vt)	aanbeveel	[ãnbefeəl]
repetir (dizer outra vez)	herhaal	[herhãl]
reservar (~ um quarto)	bespreek	[bespreək]
responder (vt)	antwoord	[antwoərt]
rezar, orar (vi)	bid	[bit]
rir (vi)	lag	[laχ]
roubar (vt)	steel	[steəl]
saber (vt)	weet	[veət]
sair (~ de casa)	uitgaan	[œitχãn]
salvar (resgatar)	red	[ret]

seguir (~ alguém)	volg ...	[folχ ...]
sentar-se (vr)	gaan sit	[χãn sit]
ser (vi)	wees	[veəs]
ser necessário	nodig wees	[nodəχ veəs]

significar (vt)	beteken	[betekən]
sorrir (vi)	glimlag	[χlimlaχ]
subestimar (vt)	onderskat	[ondərskat]
surpreender-se (vr)	verbaas wees	[ferbãs veəs]

tentar (~ fazer)	probeer	[probeər]
ter (vt)	hê	[hɛ:]
ter fome	honger wees	[hoŋər veəs]

ter medo	bang wees	[baŋ veəs]
ter sede	dors wees	[dors veəs]
tocar (com as mãos)	aanraak	[ãnrãk]
tomar café da manhã	ontbyt	[ontbajt]
trabalhar (vi)	werk	[verk]
traduzir (vt)	vertaal	[fertãl]

unir (vt)	verenig	[ferenəχ]
vender (vt)	verkoop	[ferkoəp]
ver (vt)	sien	[sin]
virar (~ para a direita)	draai	[drãi]
voar (vi)	vlieg	[fliχ]

12. Cores

cor (f)	kleur	[kløər]
tom (m)	skakering	[skakeriŋ]
tonalidade (m)	tint	[tint]
arco-íris (m)	reënboog	[reɛn·boəχ]

branco (adj)	wit	[vit]
preto (adj)	swart	[swart]
cinza (adj)	grys	[χrajs]

verde (adj)	groen	[χrun]
amarelo (adj)	geel	[χeəl]
vermelho (adj)	rooi	[roj]

azul (adj)	blou	[blæʊ]
azul claro (adj)	ligblou	[liχ·blæʊ]
rosa (adj)	pienk	[pink]
laranja (adj)	oranje	[oranje]
violeta (adj)	pers	[pers]
marrom (adj)	bruin	[brœin]

| dourado (adj) | goue | [χæʊə] |
| prateado (adj) | silweragtig | [silweraχtəχ] |

| bege (adj) | beige | [bɛ:iʒ] |
| creme (adj) | roomkleurig | [roəm·kløərəχ] |

turquesa (adj)	turkoois	[turkojs]
vermelho cereja (adj)	kersierooi	[kersi·roj]
lilás (adj)	lila	[lila]
carmim (adj)	karmosyn	[karmosajn]

claro (adj)	lig	[liχ]
escuro (adj)	donker	[donkər]
vivo (adj)	helder	[hɛldər]

de cor	kleurig	[kløərəχ]
a cores	kleur	[kløər]
preto e branco (adj)	swart-wit	[swart-wit]
unicolor (de uma só cor)	effe	[ɛffə]
multicolor (adj)	veelkleurig	[feəlkløərəχ]

13. Questões

Quem?	Wie?	[vi?]
O que?	Wat?	[vat?]
Onde?	Waar?	[vãr?]
Para onde?	Waarheen?	[vãrheən?]
De onde?	Waarvandaan?	[vãrfandãn?]
Quando?	Wanneer?	[vanneər?]
Para quê?	Hoekom?	[hukom?]
Por quê?	Hoekom?	[hukom?]

Para quê?	Vir wat?	[fir vat?]
Como?	Hoe?	[hu?]
Qual (~ é o problema?)	Watter?	[vattər?]
Qual (~ deles?)	Watter een?	[vattər eən?]

A quem?	Vir wie?	[fir vi?]
De quem?	Oor wie?	[oər vi?]
Do quê?	Oor wat?	[oər vat?]
Com quem?	Met wie?	[met vi?]
Quanto, -os, -as?	Hoeveel?	[hufeəl?]

14. Palavras funcionais. Advérbios. Parte 1

Onde?	Waar?	[vãr?]
aqui	hier	[hir]
lá, ali	daar	[dãr]

em algum lugar	êrens	[ærɛŋs]
em lugar nenhum	nêrens	[nærɛŋs]

perto de ...	by	[baj]
perto da janela	by	[baj]

Para onde?	Waarheen?	[vãrheən?]
aqui	hier	[hir]
para lá	soontoe	[soentu]

| daqui | hiervandaan | [hirfandãn] |
| de lá, dali | daarvandaan | [dãrfandãn] |

| perto | naby | [nabaj] |
| longe | ver | [fer] |

perto de …	naby	[nabaj]
à mão, perto	naby	[nabaj]
não fica longe	nie ver nie	[ni fər ni]

esquerdo (adj)	linker-	[linkər-]
à esquerda	op linkerhand	[op linkərhant]
para a esquerda	na links	[na links]

direito (adj)	regter	[reχtər]
à direita	op regterhand	[op reχtərhant]
para a direita	na regs	[na reχs]

em frente	voor	[foər]
da frente	voorste	[foərstə]
adiante (para a frente)	vooruit	[foərœit]

atrás de …	agter	[aχtər]
de trás	van agter	[fan aχtər]
para trás	agtertoe	[aχtərtu]

| meio (m), metade (f) | middel | [middəl] |
| no meio | in die middel | [in di middəl] |

do lado	op die sykant	[op di sajkant]
em todo lugar	orals	[orals]
por todos os lados	orals rond	[orals ront]

de dentro	van binne	[fan binnə]
para algum lugar	êrens	[ærɛŋs]
diretamente	reguit	[reχœit]
de volta	terug	[teruχ]

| de algum lugar | êrens vandaan | [ærɛŋs fandãn] |
| de algum lugar | êrens vandaan | [ærɛŋs fandãn] |

em primeiro lugar	in die eerste plek	[in di eərstə plek]
em segundo lugar	in die tweede plek	[in di tweədə plek]
em terceiro lugar	in die derde plek	[in di derdə plek]

de repente	skielik	[skilik]
no início	aan die begin	[ãn di beχin]
pela primeira vez	vir die eerste keer	[fir di eərstə keər]
muito antes de …	lank voordat …	[lank foərdat …]
de novo	opnuut	[opnɪt]
para sempre	vir goed	[fir χut]

nunca	nooit	[nojt]
de novo	weer	[veər]
agora	nou	[næʊ]
frequentemente	dikwels	[dikwɛls]

então	toe	[tu]
urgentemente	dringend	[driŋən]
normalmente	gewoonlik	[χevoənlik]

a propósito, ...	terloops, ...	[terloəps], [...]
é possível	moontlik	[moentlik]
provavelmente	waarskynlik	[vãrskajnlik]
talvez	dalk	[dalk]
além disso, ...	trouens ...	[træuɛŋs ...]
por isso ...	dis hoekom ...	[dis hukom ...]
apesar de ...	ondanks ...	[ondanks ...]
graças a ...	danksy ...	[danksaj ...]

que (pron.)	wat	[vat]
que (conj.)	dat	[dat]
algo	iets	[its]
alguma coisa	iets	[its]
nada	niks	[niks]

quem	wie	[vi]
alguém (~ que ...)	iemand	[imant]
alguém (com ~)	iemand	[imant]

ninguém	niemand	[nimant]
para lugar nenhum	nêrens	[nærɛŋs]
de ninguém	niemand se	[nimant sə]
de alguém	iemand se	[imant sə]

tão	so	[so]
também (gostaria ~ de ...)	ook	[oək]
também (~ eu)	ook	[oək]

15. Palavras funcionais. Advérbios. Parte 2

Por quê?	Waarom?	[vãrom?]
porque ...	omdat ...	[omdat ...]

e (tu ~ eu)	en	[ɛn]
ou (ser ~ não ser)	of	[of]
mas (porém)	maar	[mãr]
para (~ a minha mãe)	vir	[fir]

muito, demais	te	[te]
só, somente	net	[net]
exatamente	presies	[presis]
cerca de (~ 10 kg)	ongeveer	[onχəfeər]

aproximadamente	ongeveer	[onχəfeər]
aproximado (adj)	geraamde	[χerãmdə]
quase	amper	[ampər]
resto (m)	die res	[di res]

o outro (segundo)	die ander	[di andər]
outro (adj)	ander	[andər]

cada (adj)	elke	[ɛlkə]
qualquer (adj)	enige	[ɛniχə]
muitos, muitas	baie	[baje]
muitas pessoas	baie mense	[baje mɛŋsə]
todos	almal	[almal]
em troca de ...	in ruil vir ...	[in rœil fir ...]
em troca	as vergoeding	[as ferχudiŋ]
à mão	met die hand	[met di hant]
pouco provável	skaars	[skãrs]
provavelmente	waarskynlik	[vãrskajnlik]
de propósito	opsetlik	[opsetlik]
por acidente	toevallig	[tufalləχ]
muito	baie	[baje]
por exemplo	byvoorbeeld	[bajfoərbeəlt]
entre	tussen	[tussən]
entre (no meio de)	tussen	[tussən]
tanto	so baie	[so baje]
especialmente	veral	[feral]

Conceitos básicos. Parte 2

16. Opostos

| rico (adj) | ryk | [rajk] |
| pobre (adj) | arm | [arm] |

| doente (adj) | siek | [sik] |
| bem (adj) | gesond | [χesont] |

| grande (adj) | groot | [χroət] |
| pequeno (adj) | klein | [klæjn] |

| rapidamente | vinnig | [finnəχ] |
| lentamente | stadig | [stadəχ] |

| rápido (adj) | vinnig | [finnəχ] |
| lento (adj) | stadig | [stadəχ] |

| alegre (adj) | bly | [blaj] |
| triste (adj) | droewig | [druvəχ] |

| juntos (ir ~) | saam | [sãm] |
| separadamente | afsonderlik | [afsondərlik] |

| em voz alta (ler ~) | hardop | [hardop] |
| para si (em silêncio) | stil | [stil] |

| alto (adj) | groot | [χroət] |
| baixo (adj) | laag | [lãχ] |

| profundo (adj) | diep | [dip] |
| raso (adj) | vlak | [flak] |

| sim | ja | [ja] |
| não | nee | [neə] |

| distante (adj) | ver | [fer] |
| próximo (adj) | naby | [nabaj] |

| longe | ver | [fer] |
| à mão, perto | naby | [nabaj] |

| longo (adj) | lang | [laŋ] |
| curto (adj) | kort | [kort] |

| bom (bondoso) | vriendelik | [frindəlik] |
| mal (adj) | boos | [boəs] |

| casado (adj) | getroud | [χetræut] |

solteiro (adj)	ongetroud	[onχətræʊt]
proibir (vt)	verbied	[ferbit]
permitir (vt)	toestaan	[tustān]
fim (m)	einde	[æjndə]
início (m)	begin	[beχin]
esquerdo (adj)	linker-	[linkər-]
direito (adj)	regter	[reχtər]
primeiro (adj)	eerste	[eərstə]
último (adj)	laaste	[lāstə]
crime (m)	misdaad	[misdāt]
castigo (m)	straf	[straf]
ordenar (vt)	beveel	[befeəl]
obedecer (vt)	gehoorsaam	[χehoərsām]
reto (adj)	reguit	[reχœit]
curvo (adj)	krom	[krom]
paraíso (m)	paradys	[paradajs]
inferno (m)	hel	[həl]
nascer (vi)	gebore word	[χeborə vort]
morrer (vi)	doodgaan	[doədχān]
forte (adj)	sterk	[sterk]
fraco, débil (adj)	swak	[swak]
velho, idoso (adj)	oud	[æʊt]
jovem (adj)	jong	[joŋ]
velho (adj)	ou	[æʊ]
novo (adj)	nuwe	[nuvə]
duro (adj)	hard	[hart]
macio (adj)	sag	[saχ]
quente (adj)	warm	[varm]
frio (adj)	koud	[kæʊt]
gordo (adj)	vet	[fet]
magro (adj)	dun	[dun]
estreito (adj)	smal	[smal]
largo (adj)	wyd	[vajt]
bom (adj)	goed	[χut]
mau (adj)	sleg	[sleχ]
valente, corajoso (adj)	dapper	[dappər]
covarde (adj)	lafhartig	[lafhartəχ]

17. Dias da semana

segunda-feira (f)	Maandag	[mãndaχ]
terça-feira (f)	Dinsdag	[dinsdaχ]
quarta-feira (f)	Woensdag	[voɛŋsdaχ]
quinta-feira (f)	Donderdag	[dondərdaχ]
sexta-feira (f)	Vrydag	[frajdaχ]
sábado (m)	Saterdag	[satərdaχ]
domingo (m)	Sondag	[sondaχ]

hoje	vandag	[fandaχ]
amanhã	môre	[mɔrə]
depois de amanhã	oormôre	[oərmɔrə]
ontem	gister	[χistər]
anteontem	eergister	[eərχistər]

dia (m)	dag	[daχ]
dia (m) de trabalho	werksdag	[verks·daχ]
feriado (m)	openbare vakansiedag	[openbarə fakaŋsi·daχ]
dia (m) de folga	verlofdag	[ferlofdaχ]
fim (m) de semana	naweek	[naveək]

o dia todo	die hele dag	[di helə daχ]
no dia seguinte	die volgende dag	[di folχendə daχ]
há dois dias	twee dae gelede	[tweə daə χeledə]
na véspera	die dag voor	[di daχ foər]
diário (adj)	daeliks	[daeliks]
todos os dias	elke dag	[ɛlkə daχ]

semana (f)	week	[veək]
na semana passada	laas week	[lãs veək]
semana que vem	volgende week	[folχendə veək]
semanal (adj)	weekliks	[veəkliks]
toda semana	weekliks	[veəkliks]
toda terça-feira	elke Dinsdag	[ɛlkə dinsdaχ]

18. Horas. Dia e noite

manhã (f)	oggend	[oχent]
de manhã	soggens	[soχɛŋs]
meio-dia (m)	middag	[middaχ]
à tarde	in die namiddag	[in di namiddaχ]

tardinha (f)	aand	[ãnt]
à tardinha	saans	[sãŋs]
noite (f)	nag	[naχ]
à noite	snags	[snaχs]
meia-noite (f)	middernag	[middərnaχ]

segundo (m)	sekonde	[sekondə]
minuto (m)	minuut	[minɪt]
hora (f)	uur	[ɪr]
meia hora (f)	n halfuur	[n halfɪr]

quinze minutos	**vyftien minute**	[fajftin minutə]
vinte e quatro horas	**24 ure**	[fir-en-twintəχ urə]
nascer (m) do sol	**sonop**	[son·op]
amanhecer (m)	**daeraad**	[daerāt]
madrugada (f)	**elke oggend**	[ɛlkə oχent]
pôr-do-sol (m)	**sononder**	[son·ondər]
de madrugada	**vroegdag**	[fruχdaχ]
esta manhã	**vanmôre**	[fanmɔrə]
amanhã de manhã	**môreoggend**	[mɔrə·oχent]
esta tarde	**vanmiddag**	[fanmiddaχ]
à tarde	**in die namiddag**	[in di namiddaχ]
amanhã à tarde	**môremiddag**	[mɔrə·middaχ]
esta noite, hoje à noite	**vanaand**	[fanānt]
amanhã à noite	**môreaand**	[mɔrə·ānt]
às três horas em ponto	**klokslag 3 uur**	[klokslaχ dri ɪr]
por volta das quatro	**omstreeks 4 uur**	[omstreeks fir ɪr]
às doze	**teen 12 uur**	[teən twalf ɪr]
em vinte minutos	**oor twintig minute**	[oər twintəχ minutə]
a tempo	**betyds**	[betajds]
... um quarto para	**kwart voor ...**	[kwart foər ...]
a cada quinze minutos	**elke 15 minute**	[ɛlkə fajftin minutə]
as vinte e quatro horas	**24 uur per dag**	[fir-en-twintəχ pər daχ]

19. Meses. Estações

janeiro (m)	**Januarie**	[januari]
fevereiro (m)	**Februarie**	[februari]
março (m)	**Maart**	[mārt]
abril (m)	**April**	[april]
maio (m)	**Mei**	[mæj]
junho (m)	**Junie**	[juni]
julho (m)	**Julie**	[juli]
agosto (m)	**Augustus**	[ɔuχustus]
setembro (m)	**September**	[septembər]
outubro (m)	**Oktober**	[oktobər]
novembro (m)	**November**	[nofembər]
dezembro (m)	**Desember**	[desembər]
primavera (f)	**lente**	[lentə]
na primavera	**in die lente**	[in di lentə]
primaveril (adj)	**lente-**	[lente-]
verão (m)	**somer**	[somər]
no verão	**in die somer**	[in di somər]
de verão	**somerse**	[somersə]
outono (m)	**herfs**	[herfs]

| no outono | in die herfs | [in di herfs] |
| outonal (adj) | herfsagtige | [herfsaχtiχə] |

inverno (m)	winter	[vintər]
no inverno	in die winter	[in di vintər]
de inverno	winter-	[vintər-]

mês (m)	maand	[mãnt]
este mês	hierdie maand	[hirdi mãnt]
mês que vem	volgende maand	[folχendə mãnt]
no mês passado	laasmaand	[lãsmãnt]

| em dois meses | oor twe maande | [oər twe mãndə] |
| todo o mês | die hele maand | [di helə mãnt] |

mensal (adj)	maandeliks	[mãndəliks]
mensalmente	maandeliks	[mãndəliks]
todo mês	elke maand	[ɛlkə mãnt]

ano (m)	jaar	[jãr]
este ano	hierdie jaar	[hirdi jãr]
ano que vem	volgende jaar	[folχendə jãr]
no ano passado	laasjaar	[lãʃãr]

| dentro de dois anos | binne twee jaar | [binnə tweə jãr] |
| todo o ano | die hele jaar | [di helə jãr] |

cada ano	elke jaar	[ɛlkə jãr]
anual (adj)	jaarliks	[jãrliks]
anualmente	jaarliks	[jãrliks]
quatro vezes por ano	4 keer per jaar	[fir keər pər jãr]

data (~ de hoje)	datum	[datum]
data (ex. ~ de nascimento)	datum	[datum]
calendário (m)	kalender	[kalendər]

seis meses	ses maande	[ses mãndə]
estação (f)	seisoen	[sæjsun]
século (m)	eeu	[iʊ]

20. Tempo. Diversos

tempo (m)	tyd	[tajt]
momento (m)	moment	[moment]
instante (m)	oomblik	[oəmblik]
instantâneo (adj)	oombliklik	[oəmbliklik]
lapso (m) de tempo	tydbestek	[tajdbestək]
vida (f)	lewe	[levə]
eternidade (f)	ewigheid	[ɛviχæjt]

época (f)	tydperk	[tajtperk]
era (f)	tydperk	[tajtperk]
ciclo (m)	siklus	[siklus]
período (m)	periode	[periodə]

prazo (m)	**termyn**	[termajn]
futuro (m)	**die toekoms**	[di tukoms]
futuro (adj)	**toekomstig**	[tukomstəχ]
da próxima vez	**die volgende keer**	[di folχendə keər]
passado (m)	**die verlede**	[di ferledə]
passado (adj)	**laas-**	[lãs-]
na última vez	**die vorige keer**	[di foriχə keər]
mais tarde	**later**	[latər]
depois de ...	**na**	[na]
atualmente	**deesdae**	[deəsdaə]
agora	**nou**	[næʊ]
imediatamente	**onmiddellik**	[onmiddɛllik]
em breve	**gou**	[χæʊ]
de antemão	**by voorbaat**	[baj foərbãt]
há muito tempo	**lank gelede**	[lank χeledə]
recentemente	**onlangs**	[onlaŋs]
destino (m)	**noodlot**	[noədlot]
recordações (f pl)	**herinneringe**	[herinneriŋə]
arquivo (m)	**argiewe**	[arχivə]
durante ...	**gedurende ...**	[χedurendə ...]
durante muito tempo	**lank**	[lank]
pouco tempo	**nie lank nie**	[ni lank ni]
cedo (levantar-se ~)	**vroeg**	[fruχ]
tarde (deitar-se ~)	**laat**	[lãt]
para sempre	**vir altyd**	[fir altajt]
começar (vt)	**begin**	[beχin]
adiar (vt)	**uitstel**	[œitstəl]
ao mesmo tempo	**tegelykertyd**	[teχelajkertajt]
permanentemente	**permanent**	[permanent]
constante (~ ruído, etc.)	**voortdurend**	[foərtdurent]
temporário (adj)	**tydelik**	[tajdelik]
às vezes	**soms**	[soms]
raras vezes, raramente	**selde**	[sɛldə]
frequentemente	**dikwels**	[dikwɛls]

21. Linhas e formas

quadrado (m)	**vierkant**	[firkant]
quadrado (adj)	**vierkantig**	[firkantəχ]
círculo (m)	**sirkel**	[sirkəl]
redondo (adj)	**rond**	[ront]
triângulo (m)	**driehoek**	[drihuk]
triangular (adj)	**driehoekig**	[drihukəχ]
oval (f)	**ovaal**	[ofãl]
oval (adj)	**ovaal**	[ofãl]
retângulo (m)	**reghoek**	[reχhuk]
retangular (adj)	**reghoekig**	[reχhukəχ]

pirâmide (f)	piramide	[piramidə]
losango (m)	ruit	[rœit]
trapézio (m)	trapesoïed	[trapesoïət]
cubo (m)	kubus	[kubus]
prisma (m)	prisma	[prisma]
circunferência (f)	omtrek	[omtrək]
esfera (f)	sfeer	[sfeər]
globo (m)	bal	[bal]
diâmetro (m)	diameter	[diametər]
raio (m)	straal	[strāl]
perímetro (m)	omtrek	[omtrək]
centro (m)	sentrum	[sentrum]
horizontal (adj)	horisontaal	[horisontāl]
vertical (adj)	vertikaal	[fertikāl]
paralela (f)	parallel	[paralləl]
paralelo (adj)	parallel	[paralləl]
linha (f)	lyn	[lajn]
traço (m)	haal	[hāl]
reta (f)	regte lyn	[reχtə lajn]
curva (f)	krom	[krom]
fino (linha ~a)	dun	[dun]
contorno (m)	omtrek	[omtrək]
interseção (f)	snypunt	[snaj·punt]
ângulo (m) reto	regte hoek	[reχtə huk]
segmento (m)	segment	[seχment]
setor (m)	sektor	[sektor]
lado (de um triângulo, etc.)	sy	[saj]
ângulo (m)	hoek	[huk]

22. Unidades de medida

peso (m)	gewig	[χevəχ]
comprimento (m)	lengte	[leŋtə]
largura (f)	breedte	[breedtə]
altura (f)	hoogte	[hoəχtə]
profundidade (f)	diepte	[diptə]
volume (m)	volume	[folumə]
área (f)	area	[area]
grama (m)	gram	[χram]
miligrama (m)	milligram	[milliχram]
quilograma (m)	kilogram	[kiloχram]
tonelada (f)	ton	[ton]
libra (453,6 gramas)	pond	[pont]
onça (f)	ons	[ɔŋs]
metro (m)	meter	[metər]
milímetro (m)	millimeter	[millimetər]
centímetro (m)	sentimeter	[sentimetər]
quilômetro (m)	kilometer	[kilometər]

milha (f)	myl	[majl]
polegada (f)	duim	[dœim]
pé (304,74 mm)	voet	[fut]
jarda (914,383 mm)	jaart	[järt]

| metro (m) quadrado | vierkante meter | [firkantə metər] |
| hectare (m) | hektaar | [hektär] |

litro (m)	liter	[litər]
grau (m)	graad	[χrāt]
volt (m)	volt	[folt]
ampère (m)	ampère	[ampɛːr]
cavalo (m) de potência	perdekrag	[perdə·kraχ]

quantidade (f)	hoeveelheid	[hufeəlhæjt]
metade (f)	helfte	[hɛlftə]
dúzia (f)	dosyn	[dosajn]
peça (f)	stuk	[stuk]

| tamanho (m), dimensão (f) | grootte | [χroəttə] |
| escala (f) | skaal | [skāl] |

mínimo (adj)	minimaal	[minimāl]
menor, mais pequeno	die kleinste	[di klæjnstə]
médio (adj)	medium	[medium]
máximo (adj)	maksimaal	[maksimāl]
maior, mais grande	die grootste	[di χroətstə]

23. Recipientes

pote (m) de vidro	glaspot	[χlas·pot]
lata (~ de cerveja)	blikkie	[blikki]
balde (m)	emmer	[ɛmmər]
barril (m)	drom	[drom]

bacia (~ de plástico)	wasbak	[vas·bak]
tanque (m)	tenk	[tɛnk]
cantil (m) de bolso	heupfles	[høəp·fles]
galão (m) de gasolina	petrolblik	[petrol·blik]
cisterna (f)	tenk	[tɛnk]

caneca (f)	beker	[bekər]
xícara (f)	koppie	[koppi]
pires (m)	piering	[piriŋ]
copo (m)	glas	[χlas]
taça (f) de vinho	wynglas	[vajn·χlas]
panela (f)	soppot	[sop·pot]

| garrafa (f) | bottel | [bottəl] |
| gargalo (m) | nek | [nek] |

jarra (f)	kraffie	[kraffi]
jarro (m)	kruik	[krœik]
recipiente (m)	houer	[hæʊər]

pote (m)	pot	[pot]
vaso (m)	vaas	[fãs]
frasco (~ de perfume)	bottel	[bottəl]
frasquinho (m)	botteltjie	[bottɛlki]
tubo (m)	buisie	[bœisi]
saco (ex. ~ de açúcar)	sak	[sak]
sacola (~ plastica)	sak	[sak]
maço (de cigarros, etc.)	pakkie	[pakki]
caixa (~ de sapatos, etc.)	kartondoos	[karton·does]
caixote (~ de madeira)	krat	[krat]
cesto (m)	mandjie	[mandʒi]

24. Materiais

material (m)	boustof	[bæʊstof]
madeira (f)	hout	[hæʊt]
de madeira	hout-	[hæʊt-]
vidro (m)	glas	[χlas]
de vidro	glas-	[χlas-]
pedra (f)	klip	[klip]
de pedra	klip-	[klip-]
plástico (m)	plastiek	[plastik]
plástico (adj)	plastiek-	[plastik-]
borracha (f)	rubber	[rubbər]
de borracha	rubber-	[rubbər-]
tecido, pano (m)	materiaal	[materiãl]
de tecido	materiaal-	[materiãl-]
papel (m)	papier	[papir]
de papel	papier-	[papir-]
papelão (m)	karton	[karton]
de papelão	karton-	[karton-]
polietileno (m)	politeen	[politeən]
celofane (m)	sellofaan	[sɛllofãn]
linóleo (m)	linoleum	[linoløəm]
madeira (f) compensada	laaghout	[lãχhæʊt]
porcelana (f)	porselein	[porselæjn]
de porcelana	porselein-	[porselæjn-]
argila (f), barro (m)	klei	[klæj]
de barro	klei-	[klæj-]
cerâmica (f)	keramiek	[keramik]
de cerâmica	keramiek-	[keramik-]

25. Metais

metal (m)	metaal	[metãl]
metálico (adj)	metaal-	[metãl-]
liga (f)	allooi	[alloj]
ouro (m)	goud	[χæʋt]
de ouro	goue	[χæʋə]
prata (f)	silwer	[silwər]
de prata	silwer-	[silwər-]
ferro (m)	yster	[ajstər]
de ferro	yster-	[ajstər-]
aço (m)	staal	[stãl]
de aço (adj)	staal-	[stãl-]
cobre (m)	koper	[kopər]
de cobre	koper-	[kopər-]
alumínio (m)	aluminium	[aluminium]
de alumínio	aluminium-	[aluminium-]
bronze (m)	brons	[brɔŋs]
de bronze	brons-	[brɔŋs-]
latão (m)	geelkoper	[χeəl·kopər]
níquel (m)	nikkel	[nikkəl]
platina (f)	platinum	[platinum]
mercúrio (m)	kwik	[kwik]
estanho (m)	tin	[tin]
chumbo (m)	lood	[loət]
zinco (m)	sink	[sink]

O SER HUMANO

O ser humano. O corpo

26. Humanos. Conceitos básicos

ser (m) humano	mens	[mɛŋs]
homem (m)	man	[man]
mulher (f)	vrou	[fræʊ]
criança (f)	kind	[kint]
menina (f)	meisie	[mæjsi]
menino (m)	seun	[søən]
adolescente (m)	tiener	[tinər]
velho (m)	ou man	[æʊ man]
velha (f)	ou vrou	[æʊ fræʊ]

27. Anatomia humana

organismo (m)	organisme	[orχanismə]
coração (m)	hart	[hart]
sangue (m)	bloed	[blut]
artéria (f)	slagaar	[slaχãr]
veia (f)	aar	[ãr]
cérebro (m)	brein	[bræjn]
nervo (m)	senuwee	[senuveə]
nervos (m pl)	senuwees	[senuveəs]
vértebra (f)	rugwerwels	[ruχ·werwɛls]
coluna (f) vertebral	ruggraat	[ruχ·χrãt]
estômago (m)	maag	[mãχ]
intestinos (m pl)	ingewande	[inχəwandə]
intestino (m)	derm	[derm]
fígado (m)	lewer	[levər]
rim (m)	nier	[nir]
osso (m)	been	[beən]
esqueleto (m)	geraamte	[χerãmtə]
costela (f)	rib	[rip]
crânio (m)	skedel	[skedəl]
músculo (m)	spier	[spir]
bíceps (m)	biseps	[biseps]
tríceps (m)	triseps	[triseps]
tendão (m)	sening	[seniŋ]
articulação (f)	gewrig	[χevrəχ]

pulmões (m pl)	longe	[loŋə]
órgãos (m pl) genitais	geslagsorgane	[χeslaχs·orχanə]
pele (f)	vel	[fəl]

28. Cabeça

cabeça (f)	kop	[kop]
rosto, cara (f)	gesig	[χesəχ]
nariz (m)	neus	[nøəs]
boca (f)	mond	[mont]

olho (m)	oog	[oəχ]
olhos (m pl)	oë	[oɛ]
pupila (f)	pupil	[pupil]
sobrancelha (f)	wenkbrou	[vɛnk·bræʊ]
cílio (f)	ooghaar	[oəχ·hār]
pálpebra (f)	ooglid	[oəχ·lit]

língua (f)	tong	[toŋ]
dente (m)	tand	[tant]
lábios (m pl)	lippe	[lippə]
maçãs (f pl) do rosto	wangbene	[vaŋ·benə]
gengiva (f)	tandvleis	[tand·flæjs]
palato (m)	verhemelte	[fer·hemɛltə]

narinas (f pl)	neusgate	[nøəsχatə]
queixo (m)	ken	[ken]
mandíbula (f)	kakebeen	[kakebeən]
bochecha (f)	wang	[vaŋ]

testa (f)	voorhoof	[foərhoəf]
têmpora (f)	slaap	[slāp]
orelha (f)	oor	[oər]
costas (f pl) da cabeça	agterkop	[aχtərkop]
pescoço (m)	nek	[nek]
garganta (f)	keel	[keəl]

cabelo (m)	haar	[hār]
penteado (m)	kapsel	[kapsəl]
corte (m) de cabelo	haarstyl	[hārstajl]
peruca (f)	pruik	[prœik]

bigode (m)	snor	[snor]
barba (f)	baard	[bārt]
ter (~ barba, etc.)	dra	[dra]
trança (f)	vlegsel	[fleχsəl]
suíças (f pl)	bakkebaarde	[bakkəbārdə]

ruivo (adj)	rooiharig	[roj·harəχ]
grisalho (adj)	grys	[χrajs]
careca (adj)	kaal	[kāl]
calva (f)	kaal plek	[kāl plek]
rabo-de-cavalo (m)	poniestert	[poni·stert]
franja (f)	gordyntjiekapsel	[χordajnki·kapsəl]

29. Corpo humano

| mão (f) | hand | [hant] |
| braço (m) | arm | [arm] |

dedo (m)	vinger	[fiŋər]
dedo (m) do pé	toon	[toən]
polegar (m)	duim	[dœim]
dedo (m) mindinho	pinkie	[pinki]
unha (f)	nael	[naəl]

punho (m)	vuis	[fœis]
palma (f)	palm	[palm]
pulso (m)	pols	[pols]
antebraço (m)	voorarm	[foərarm]
cotovelo (m)	elmboog	[ɛlmboəχ]
ombro (m)	skouer	[skæuər]

perna (f)	been	[beən]
pé (m)	voet	[fut]
joelho (m)	knie	[kni]
panturrilha (f)	kuit	[kœit]
quadril (m)	heup	[høəp]
calcanhar (m)	hakskeen	[hak·skeən]

corpo (m)	liggaam	[liχχām]
barriga (f), ventre (m)	maag	[māχ]
peito (m)	bors	[bors]
seio (m)	bors	[bors]
lado (m)	sy	[saj]
costas (dorso)	rug	[ruχ]
região (f) lombar	lae rug	[laə ruχ]
cintura (f)	middel	[middəl]

umbigo (m)	naeltjie	[naɛlki]
nádegas (f pl)	boude	[bæudə]
traseiro (m)	sitvlak	[sitflak]

sinal (m), pinta (f)	moesie	[musi]
sinal (m) de nascença	moedervlek	[mudər·flek]
tatuagem (f)	tatoe	[tatu]
cicatriz (f)	litteken	[littekən]

Vestuário & Acessórios

30. Roupa exterior. Casacos

roupa (f)	klere	[klerə]
roupa (f) exterior	oorklere	[oərklerə]
roupa (f) de inverno	winterklere	[vintər·klerə]
sobretudo (m)	jas	[jas]
casaco (m) de pele	pelsjas	[pelʃas]
jaqueta (f) de pele	kort pelsjas	[kort pelʃas]
casaco (m) acolchoado	donsjas	[donʃas]
casaco (m), jaqueta (f)	baadjie	[bādʒi]
impermeável (m)	reënjas	[rɛnjas]
a prova d'água	waterdig	[vatərdəχ]

31. Vestuário de homem & mulher

camisa (f)	hemp	[hemp]
calça (f)	broek	[bruk]
jeans (m)	denimbroek	[denim·bruk]
paletó, terno (m)	baadjie	[bādʒi]
terno (m)	pak	[pak]
vestido (ex. ~ de noiva)	rok	[rok]
saia (f)	romp	[romp]
blusa (f)	bloes	[blus]
casaco (m) de malha	gebreide baadjie	[χebræjdə bādʒi]
casaco, blazer (m)	baadjie	[bādʒi]
camiseta (f)	T-hemp	[te-hemp]
short (m)	kortbroek	[kort·bruk]
training (m)	sweetpak	[sweət·pak]
roupão (m) de banho	badjas	[batjas]
pijama (m)	pajama	[pajama]
suéter (m)	trui	[trœi]
pulôver (m)	trui	[trœi]
colete (m)	onderbaadjie	[ondər·bādʒi]
fraque (m)	swaelstertbaadjie	[swaɛlstert·bādʒi]
smoking (m)	aandpak	[āntpak]
uniforme (m)	uniform	[uniform]
roupa (f) de trabalho	werksklere	[verks·klerə]
macacão (m)	oorpak	[oərpak]
jaleco (m), bata (f)	jas	[jas]

32. Vestuário. Roupa interior

roupa (f) íntima	onderklere	[ondərklerə]
cueca boxer (f)	onderbroek	[ondərbruk]
calcinha (f)	onderbroek	[ondərbruk]
camiseta (f)	frokkie	[frokki]
meias (f pl)	sokkies	[sokkis]
camisola (f)	nagrok	[naχrok]
sutiã (m)	bra	[bra]
meias longas (f pl)	kniekouse	[kni·kæʊsə]
meias-calças (f pl)	kousbroek	[kæʊsbruk]
meias (~ de nylon)	kouse	[kæʊsə]
maiô (m)	baaikostuum	[bāj·kostɪm]

33. Adereços de cabeça

chapéu (m), touca (f)	hoed	[hut]
chapéu (m) de feltro	hoed	[hut]
boné (m) de beisebol	bofbalpet	[bofbal·pet]
boina (~ italiana)	pet	[pet]
boina (ex. ~ basca)	mus	[mus]
capuz (m)	kap	[kap]
chapéu panamá (m)	panamahoed	[panama·hut]
touca (f)	gebreide mus	[χebræjdə mus]
lenço (m)	kopdoek	[kopduk]
chapéu (m) feminino	dameshoed	[dames·hut]
capacete (m) de proteção	veiligheidshelm	[fæjliχæjts·hɛlm]
bibico (m)	mus	[mus]
capacete (m)	helmet	[hɛlmet]
chapéu-coco (m)	bolhoed	[bolhut]
cartola (f)	hoëhoed	[hoɛhut]

34. Calçado

calçado (m)	skoeisel	[skuisəl]
botinas (f pl), sapatos (m pl)	mansskoene	[maŋs·skunə]
sapatos (de salto alto, etc.)	damesskoene	[dames·skunə]
botas (f pl)	laarse	[lārsə]
pantufas (f pl)	pantoffels	[pantoffəls]
tênis (~ Nike, etc.)	tennisskoene	[tɛnnis·skunə]
tênis (~ Converse)	tekkies	[tɛkkis]
sandálias (f pl)	sandale	[sandalə]
sapateiro (m)	skoenmaker	[skun·makər]
salto (m)	hak	[hak]

par (m)	paar	[pãr]
cadarço (m)	skoenveter	[skun·fetər]
amarrar os cadarços	ryg	[rajx]
calçadeira (f)	skoenlepel	[skun·lepəl]
graxa (f) para calçado	skoenpolitoer	[skun·politur]

35. Têxtil. Tecidos

algodão (m)	katoen	[katun]
de algodão	katoen-	[katun-]
linho (m)	vlas	[flas]
de linho	vlas-	[flas-]

seda (f)	sy	[saj]
de seda	sy-	[saj-]
lã (f)	wol	[vol]
de lã	wol-	[vol-]

veludo (m)	fluweel	[fluveəl]
camurça (f)	suède	[suɛdə]
veludo (m) cotelê	ferweel	[ferweəl]

nylon (m)	nylon	[najlon]
de nylon	nylon-	[najlon-]
poliéster (m)	poliëster	[poliɛstər]
de poliéster	poliëster-	[poliɛstər-]

couro (m)	leer	[leər]
de couro	leer-	[leər-]
pele (f)	bont	[bont]
de pele	bont-	[bont-]

36. Acessórios pessoais

luva (f)	handskoene	[handskunə]
mitenes (f pl)	duimhandskoene	[dœim·handskunə]
cachecol (m)	serp	[serp]

óculos (m pl)	bril	[bril]
armação (f)	raam	[rãm]
guarda-chuva (m)	sambreel	[sambreəl]
bengala (f)	wandelstok	[vandəl·stok]
escova (f) para o cabelo	haarborsel	[hãr·borsəl]
leque (m)	waaier	[vãjer]

gravata (f)	das	[das]
gravata-borboleta (f)	strikkie	[strikki]
suspensórios (m pl)	kruisbande	[krœis·bandə]
lenço (m)	sakdoek	[sakduk]

pente (m)	kam	[kam]
fivela (f) para cabelo	haarspeld	[hãrs·pɛlt]

| grampo (m) | haarpen | [hãr·pen] |
| fivela (f) | gespe | [xespə] |

| cinto (m) | belt | [bɛlt] |
| alça (f) de ombro | skouerband | [skæʋer·bant] |

bolsa (f)	handsak	[hand·sak]
bolsa (feminina)	beursie	[bøərsi]
mochila (f)	rugsak	[ruχsak]

37. Vestuário. Diversos

moda (f)	mode	[modə]
na moda (adj)	in die mode	[in di modə]
estilista (m)	modeontwerper	[modə·ontwerpər]

colarinho (m)	kraag	[krãχ]
bolso (m)	sak	[sak]
de bolso	sak-	[sak-]
manga (f)	mou	[mæʋ]
ganchinho (m)	lussie	[lussi]
bragueta (f)	gulp	[χulp]

zíper (m)	ritssluiter	[rits·slœiter]
colchete (m)	vasmaker	[fasmakər]
botão (m)	knoop	[knoəp]
botoeira (casa de botão)	knoopsgat	[knoəps·χat]
soltar-se (vr)	loskom	[loskom]

costurar (vi)	naai	[nãi]
bordar (vt)	borduur	[bordɪr]
bordado (m)	borduurwerk	[bordɪr·werk]
agulha (f)	naald	[nãlt]
fio, linha (f)	garing	[χariŋ]
costura (f)	soom	[soəm]

sujar-se (vr)	vuil word	[fœil vort]
mancha (f)	vlek	[flek]
amarrotar-se (vr)	kreukel	[krøəkəl]
rasgar (vt)	skeur	[skøər]
traça (f)	mot	[mot]

38. Cuidados pessoais. Cosméticos

pasta (f) de dente	tandepasta	[tandə·pasta]
escova (f) de dente	tandeborsel	[tandə·borsəl]
escovar os dentes	tande borsel	[tandə borsəl]

gilete (f)	skeermes	[skeər·mes]
creme (m) de barbear	skeerroom	[skeər·roəm]
barbear-se (vr)	skeer	[skeər]
sabonete (m)	seep	[seəp]

xampu (m)	sjampoe	[ʃampu]
tesoura (f)	skêr	[skær]
lixa (f) de unhas	naelvyl	[naɛl·fajl]
corta-unhas (m)	naelknipper	[naɛl·knippər]
pinça (f)	haartangetjie	[hãrtaŋəki]

cosméticos (m pl)	kosmetika	[kosmetika]
máscara (f)	gesigmasker	[χesiχ·maskər]
manicure (f)	manikuur	[manikɪr]
fazer as unhas	laat manikuur	[lãt manikɪr]
pedicure (f)	voetbehandeling	[fut·behandeliŋ]

bolsa (f) de maquiagem	kosmetika tassie	[kosmetika tassi]
pó (de arroz)	gesigpoeier	[χesiχ·pujer]
pó (m) compacto	poeierdosie	[pujer·dosi]
blush (m)	blosser	[blossər]

perfume (m)	parfuum	[parfɪm]
água-de-colônia (f)	reukwater	[røək·vatər]
loção (f)	vloeiroom	[flui·roəm]
colônia (f)	reukwater	[røək·vatər]

sombra (f) de olhos	oogskadu	[oəχ·skadu]
delineador (m)	oogomlyner	[oəχ·omlajnər]
máscara (f), rímel (m)	maskara	[maskara]

batom (m)	lipstiffie	[lip·stiffi]
esmalte (m)	naellak	[naɛl·lak]
laquê (m), spray fixador (m)	haarsproei	[hãrs·prui]
desodorante (m)	reukweermiddel	[røək·veərmiddəl]

creme (m)	room	[roəm]
creme (m) de rosto	gesigroom	[χesiχ·roəm]
creme (m) de mãos	handroom	[hand·roəm]
creme (m) antirrugas	antirimpelroom	[antirimpəl·roəm]
creme (m) de dia	dagroom	[daχ·roəm]
creme (m) de noite	nagroom	[naχ·roəm]
de dia	dag-	[daχ-]
da noite	nag-	[naχ-]

absorvente (m) interno	tampon	[tampon]
papel (m) higiênico	toiletpapier	[tojlet·papir]
secador (m) de cabelo	haardroër	[hãr·droɛr]

39. Joalheria

joias (f pl)	juweliersware	[juvelirs·warə]
precioso (adj)	edel-	[ɛdəl-]
marca (f) de contraste	waarmerk	[vãrmerk]

anel (m)	ring	[riŋ]
aliança (f)	trouring	[træʊriŋ]
pulseira (f)	armband	[armbant]
brincos (m pl)	oorbelle	[oər·bɛllə]

colar (m)	halssnoer	[hals·snur]
coroa (f)	kroon	[kroən]
colar (m) de contas	kraalsnoer	[krãl·snur]

diamante (m)	diamant	[diamant]
esmeralda (f)	smarag	[smaraχ]
rubi (m)	robyn	[robajn]
safira (f)	saffier	[saffir]
pérola (f)	pêrel	[pærəl]
âmbar (m)	amber	[ambər]

40. Relógios de pulso. Relógios

relógio (m) de pulso	polshorlosie	[pols·horlosi]
mostrador (m)	wyserplaat	[vajsər·plãt]
ponteiro (m)	wyster	[vajstər]
bracelete (em aço)	metaal horlosiebandjie	[metãl horlosi·bandʒi]
bracelete (em couro)	horlosiebandjie	[horlosi·bandʒi]

pilha (f)	battery	[battəraj]
acabar (vi)	pap wees	[pap veəs]
estar adiantado	voorloop	[foərloəp]
estar atrasado	agterloop	[aχtərloəp]

relógio (m) de parede	muurhorlosie	[mɪr·horlosi]
ampulheta (f)	uurglas	[ɪr·χlas]
relógio (m) de sol	sonwyser	[son·wajsər]
despertador (m)	wekker	[vɛkkər]
relojoeiro (m)	horlosiemaker	[horlosi·makər]
reparar (vt)	herstel	[herstəl]

Alimentação. Nutrição

41. Comida

carne (f)	vleis	[flæjs]
galinha (f)	hoender	[hundər]
frango (m)	braaikuiken	[brāj·kœiken]
pato (m)	eend	[eent]
ganso (m)	gans	[χaŋs]
caça (f)	wild	[vilt]
peru (m)	kalkoen	[kalkun]
carne (f) de porco	varkvleis	[fark·flæjs]
carne (f) de vitela	kalfsvleis	[kalfs·flæjs]
carne (f) de carneiro	lamsvleis	[lams·flæjs]
carne (f) de vaca	beesvleis	[beəs·flæjs]
carne (f) de coelho	konynvleis	[konajn·flæjs]
linguiça (f), salsichão (m)	wors	[vors]
salsicha (f)	Weense worsie	[veɛŋsə vorsi]
bacon (m)	spek	[spek]
presunto (m)	ham	[ham]
pernil (m) de porco	gerookte ham	[χeroəktə ham]
patê (m)	patee	[pateə]
fígado (m)	lewer	[levər]
guisado (m)	maalvleis	[māl·flæjs]
língua (f)	tong	[toŋ]
ovo (m)	eier	[æjer]
ovos (m pl)	eiers	[æjers]
clara (f) de ovo	eierwit	[æjer·wit]
gema (f) de ovo	dooier	[dojer]
peixe (m)	vis	[fis]
mariscos (m pl)	seekos	[seə·kos]
crustáceos (m pl)	skaaldiere	[skāldirə]
caviar (m)	kaviaar	[kafiãr]
caranguejo (m)	krab	[krap]
camarão (m)	garnaal	[χarnāl]
ostra (f)	oester	[ustər]
lagosta (f)	seekreef	[seə·kreəf]
polvo (m)	seekat	[seə·kat]
lula (f)	pylinkvis	[pajl·inkfis]
esturjão (m)	steur	[støər]
salmão (m)	salm	[salm]
halibute (m)	heilbot	[hæjlbot]
bacalhau (m)	kabeljou	[kabeljæʊ]

cavala, sarda (f)	makriel	[makril]
atum (m)	tuna	[tuna]
enguia (f)	paling	[paliŋ]
truta (f)	forel	[forəl]
sardinha (f)	sardyn	[sardajn]
lúcio (m)	varswatersnoek	[farswatər·snuk]
arenque (m)	haring	[hariŋ]
pão (m)	brood	[broət]
queijo (m)	kaas	[kɑ̃s]
açúcar (m)	suiker	[sœikər]
sal (m)	sout	[sæʊt]
arroz (m)	rys	[rajs]
massas (f pl)	pasta	[pasta]
talharim, miojo (m)	noedels	[nudɛls]
manteiga (f)	botter	[bottər]
óleo (m) vegetal	plantaardige olie	[plantãrdiχə oli]
óleo (m) de girassol	sonblomolie	[sonblom·oli]
margarina (f)	margarien	[marχarin]
azeitonas (f pl)	olywe	[olajvə]
azeite (m)	olyfolie	[olajf·oli]
leite (m)	melk	[melk]
leite (m) condensado	kondensmelk	[kondɛŋs·melk]
iogurte (m)	jogurt	[joχurt]
creme (m) azedo	suurroom	[sɪr·roəm]
creme (m) de leite	room	[roəm]
maionese (f)	mayonnaise	[majonɛs]
creme (m)	crème	[krɛm]
grãos (m pl) de cereais	ontbytgraan	[ontbajt·χrãn]
farinha (f)	meelblom	[meəl·blom]
enlatados (m pl)	blikkieskos	[blikkis·kos]
flocos (m pl) de milho	mielievlokkies	[mili·flokkis]
mel (m)	heuning	[høəniŋ]
geleia (m)	konfyt	[konfajt]
chiclete (m)	kougom	[kæʊχom]

42. Bebidas

água (f)	water	[vatər]
água (f) potável	drinkwater	[drink·vatər]
água (f) mineral	mineraalwater	[minerãl·vatər]
sem gás (adj)	sonder gas	[sondər χas]
gaseificada (adj)	soda-	[soda-]
com gás	bruis-	[brœis-]
gelo (m)	ys	[ajs]

com gelo	met ys	[met ajs]
não alcoólico (adj)	nie-alkoholies	[ni-alkoholis]
refrigerante (m)	koeldrank	[kul·drank]
refresco (m)	verfrissende drank	[ferfrissendə drank]
limonada (f)	limonade	[limonadə]
bebidas (f pl) alcoólicas	likeure	[likøərə]
vinho (m)	wyn	[vajn]
vinho (m) branco	witwyn	[vit·vajn]
vinho (m) tinto	rooiwyn	[roj·vajn]
licor (m)	likeur	[likøər]
champanhe (m)	sjampanje	[ʃampanje]
vermute (m)	vermoet	[fermut]
uísque (m)	whisky	[vhiskaj]
vodca (f)	vodka	[fodka]
gim (m)	jenever	[jenefər]
conhaque (m)	brandewyn	[brandə·vajn]
rum (m)	rum	[rum]
café (m)	koffie	[koffi]
café (m) preto	swart koffie	[swart koffi]
café (m) com leite	koffie met melk	[koffi met melk]
cappuccino (m)	capuccino	[kaputʃino]
café (m) solúvel	poeierkoffie	[pujer·koffi]
leite (m)	melk	[melk]
coquetel (m)	mengeldrankie	[menχəl·dranki]
batida (f), milkshake (m)	melkskommel	[melk·skomməl]
suco (m)	sap	[sap]
suco (m) de tomate	tamatiesap	[tamati·sap]
suco (m) de laranja	lemoensap	[lemoən·sap]
suco (m) fresco	vars geparste sap	[fars χeparstə sap]
cerveja (f)	bier	[bir]
cerveja (f) clara	ligte bier	[liχtə bir]
cerveja (f) preta	donker bier	[donkər bir]
chá (m)	tee	[teə]
chá (m) preto	swart tee	[swart teə]
chá (m) verde	groen tee	[χrun teə]

43. Vegetais

vegetais (m pl)	groente	[χruntə]
verdura (f)	groente	[χruntə]
tomate (m)	tamatie	[tamati]
pepino (m)	komkommer	[komkommər]
cenoura (f)	wortel	[vortəl]
batata (f)	aartappel	[ārtappəl]
cebola (f)	ui	[œi]

alho (m)	knoffel	[knoffəl]
couve (f)	kool	[koəl]
couve-flor (f)	blomkool	[blom·koəl]
couve-de-bruxelas (f)	Brusselspruite	[brussɛl·sprœitə]
brócolis (m pl)	broccoli	[brokoli]
beterraba (f)	beet	[beət]
berinjela (f)	eiervrug	[æjerfruχ]
abobrinha (f)	vingerskorsie	[fiŋər·skorsi]
abóbora (f)	pampoen	[pampun]
nabo (m)	raap	[rāp]
salsa (f)	pietersielie	[pitərsili]
endro, aneto (m)	dille	[dillə]
alface (f)	slaai	[slāi]
aipo (m)	seldery	[selderaj]
aspargo (m)	aspersie	[aspersi]
espinafre (m)	spinasie	[spinasi]
ervilha (f)	ertjie	[ɛrki]
feijão (~ soja, etc.)	boontjies	[boənkis]
milho (m)	mielie	[mili]
feijão (m) roxo	nierboontjie	[nir·boənki]
pimentão (m)	paprika	[paprika]
rabanete (m)	radys	[radajs]
alcachofra (f)	artisjok	[artiʃok]

44. Frutos. Nozes

fruta (f)	vrugte	[fruχtə]
maçã (f)	appel	[appəl]
pera (f)	peer	[peər]
limão (m)	suurlemoen	[sɪr·lemun]
laranja (f)	lemoen	[lemun]
morango (m)	aarbei	[ārbæj]
tangerina (f)	nartjie	[narki]
ameixa (f)	pruim	[prœim]
pêssego (m)	perske	[perskə]
damasco (m)	appelkoos	[appɛlkoəs]
framboesa (f)	framboos	[framboəs]
abacaxi (m)	pynappel	[pajnappəl]
banana (f)	piesang	[pisaŋ]
melancia (f)	waatlemoen	[vātlemun]
uva (f)	druif	[drœif]
ginja (f)	suurkersie	[sɪr·kersi]
cereja (f)	soetkersie	[sut·kersi]
melão (m)	spanspek	[spaŋspek]
toranja (f)	pomelo	[pomelo]
abacate (m)	avokado	[afokado]
mamão (m)	papaja	[papaja]

| manga (f) | mango | [manχo] |
| romã (f) | granaat | [χranãt] |

groselha (f) vermelha	rooi aalbessie	[roj ãlbɛssi]
groselha (f) negra	swartbessie	[swartbɛssi]
groselha (f) espinhosa	appelliefie	[appɛllifi]
mirtilo (m)	bosbessie	[bosbɛssi]
amora (f) silvestre	braambessie	[brãmbɛssi]

passa (f)	rosyntjie	[rosajnki]
figo (m)	vy	[faj]
tâmara (f)	dadel	[dadəl]

amendoim (m)	grondboontjie	[χront·boənki]
amêndoa (f)	amandel	[amandəl]
noz (f)	okkerneut	[okkər·nøət]
avelã (f)	haselneut	[hasɛl·nøət]
coco (m)	klapper	[klappər]
pistaches (m pl)	pistachio	[pistatʃio]

45. Pão. Bolaria

pastelaria (f)	soet gebak	[sut χebak]
pão (m)	brood	[broət]
biscoito (m), bolacha (f)	koekies	[kukis]

chocolate (m)	sjokolade	[ʃokoladə]
de chocolate	sjokolade	[ʃokoladə]
bala (f)	lekkers	[lɛkkərs]
doce (bolo pequeno)	koek	[kuk]
bolo (m) de aniversário	koek	[kuk]

| torta (f) | pastei | [pastæj] |
| recheio (m) | vulsel | [fulsəl] |

geleia (m)	konfyt	[konfajt]
marmelada (f)	marmelade	[marmeladə]
wafers (m pl)	wafels	[vafɛls]
sorvete (m)	roomys	[roəm·ajs]
pudim (m)	poeding	[pudiŋ]

46. Pratos cozinhados

prato (m)	gereg	[χerəχ]
cozinha (~ portuguesa)	kookkuns	[koək·kuns]
receita (f)	resep	[resep]
porção (f)	porsie	[porsi]

salada (f)	slaai	[slãi]
sopa (f)	sop	[sop]
caldo (m)	helder sop	[hɛldər sop]
sanduíche (m)	toebroodjie	[tubroədʒi]

ovos (m pl) fritos	gabakte eiers	[χabaktə æjers]
hambúrguer (m)	hamburger	[hamburχər]
bife (m)	biefstuk	[bifstuk]

acompanhamento (m)	sygereg	[saj·χerəχ]
espaguete (m)	spaghetti	[spaχɛtti]
purê (m) de batata	kapokaartappels	[kapok·ārtappəls]
pizza (f)	pizza	[pizza]
mingau (m)	pap	[pap]
omelete (f)	omelet	[oməlet]

fervido (adj)	gekook	[χekoək]
defumado (adj)	gerook	[χeroək]
frito (adj)	gebak	[χebak]
seco (adj)	gedroog	[χedroəχ]
congelado (adj)	gevries	[χefris]
em conserva (adj)	gepiekel	[χepikəl]

doce (adj)	soet	[sut]
salgado (adj)	sout	[sæʊt]
frio (adj)	koud	[kæʊt]
quente (adj)	warm	[varm]
amargo (adj)	bitter	[bittər]
gostoso (adj)	smaaklik	[smāklik]

cozinhar em água fervente	kook in water	[koək in vatər]
preparar (vt)	kook	[koək]
fritar (vt)	braai	[braj]
aquecer (vt)	opwarm	[opwarm]

salgar (vt)	sout	[sæʊt]
apimentar (vt)	peper	[pepər]
ralar (vt)	rasp	[rasp]
casca (f)	skil	[skil]
descascar (vt)	skil	[skil]

47. Especiarias

sal (m)	sout	[sæʊt]
salgado (adj)	sout	[sæʊt]
salgar (vt)	sout	[sæʊt]

pimenta-do-reino (f)	swart peper	[swart pepər]
pimenta (f) vermelha	rooi peper	[roj pepər]
mostarda (f)	mosterd	[mostert]
raiz-forte (f)	peperwortel	[peper·wortəl]

condimento (m)	smaakmiddel	[smāk·middəl]
especiaria (f)	spesery	[spesəraj]
molho (~ inglês)	sous	[sæʊs]
vinagre (m)	asyn	[asajn]

anis estrelado (m)	anys	[anajs]
manjericão (m)	basilikum	[basilikum]

cravo (m)	naeltjies	[naɛlkis]
gengibre (m)	gemmer	[xɛmmər]
coentro (m)	koljander	[koljandər]
canela (f)	kaneel	[kaneəl]

gergelim (m)	sesamsaad	[sesam·sāt]
folha (f) de louro	lourierblaar	[læʊrir·blār]
páprica (f)	paprika	[paprika]
cominho (m)	komynsaad	[komajnsāt]
açafrão (m)	saffraan	[saffrān]

48. Refeições

comida (f)	kos	[kos]
comer (vt)	eet	[eət]

café (m) da manhã	ontbyt	[ontbajt]
tomar café da manhã	ontbyt	[ontbajt]
almoço (m)	middagete	[middaχ·etə]
almoçar (vi)	gaan eet	[χān eət]
jantar (m)	aandete	[āndetə]
jantar (vi)	aandete gebruik	[āndetə χebrœik]

apetite (m)	aptyt	[aptajt]
Bom apetite!	Smaaklike ete!	[smāklikə etə!]

abrir (~ uma lata, etc.)	oopmaak	[oəpmāk]
derramar (~ líquido)	mors	[mors]
derramar-se (vr)	mors	[mors]

ferver (vi)	kook	[koək]
ferver (vt)	kook	[koək]
fervido (adj)	gekook	[χekoək]
esfriar (vt)	laat afkoel	[lāt afkul]
esfriar-se (vr)	afkoel	[afkul]

sabor, gosto (m)	smaak	[smāk]
fim (m) de boca	nasmaak	[nasmāk]

emagrecer (vi)	vermaer	[fermaər]
dieta (f)	dieet	[diət]
vitamina (f)	vitamien	[fitamin]
caloria (f)	kalorie	[kalori]

vegetariano (m)	vegetariër	[feχetariɛr]
vegetariano (adj)	vegetaries	[feχetaris]

gorduras (f pl)	vette	[fɛttə]
proteínas (f pl)	proteïen	[proteïen]
carboidratos (m pl)	koolhidrate	[koəlhidratə]

fatia (~ de limão, etc.)	snytjie	[snajki]
pedaço (~ de bolo)	stuk	[stuk]
migalha (f), farelo (m)	krummel	[krumməl]

49. Por a mesa

colher (f)	lepel	[lepəl]
faca (f)	mes	[mes]
garfo (m)	vurk	[furk]

xícara (f)	koppie	[koppi]
prato (m)	bord	[bort]
pires (m)	piering	[piriŋ]
guardanapo (m)	servet	[serfət]
palito (m)	tandestokkie	[tandə·stokki]

50. Restaurante

restaurante (m)	restaurant	[restɔurant]
cafeteria (f)	koffiekroeg	[koffi·kruχ]
bar (m), cervejaria (f)	kroeg	[kruχ]
salão (m) de chá	teekamer	[teə·kamər]

garçom (m)	kelner	[kɛlnər]
garçonete (f)	kelnerin	[kɛlnərin]
barman (m)	kroegman	[kruχman]

cardápio (m)	spyskaart	[spajs·kãrt]
lista (f) de vinhos	wyn	[vajn]
reservar uma mesa	wynkaart	[vajn·kãrt]

prato (m)	gereg	[χerəχ]
pedir (vt)	bestel	[bestəl]
fazer o pedido	bestel	[bestəl]

aperitivo (m)	drankie	[dranki]
entrada (f)	voorgereg	[foərχerəχ]
sobremesa (f)	nagereg	[naχerəχ]

conta (f)	rekening	[rekəniŋ]
pagar a conta	die rekening betaal	[di rekəniŋ betãl]
dar o troco	kleingeld gee	[klæjn·χɛlt χeə]
gorjeta (f)	fooitjie	[fojki]

Família, parentes e amigos

51. Informação pessoal. Formulários

nome (m)	voornaam	[foərnãm]
sobrenome (m)	van	[fan]
data (f) de nascimento	geboortedatum	[χeboərtə·datum]
local (m) de nascimento	geboorteplek	[χeboərtə·plek]
nacionalidade (f)	nasionaliteit	[naʃionalitæjt]
lugar (m) de residência	woonplek	[voən·plek]
país (m)	land	[lant]
profissão (f)	beroep	[berup]
sexo (m)	geslag	[χeslaχ]
estatura (f)	lengte	[leŋtə]
peso (m)	gewig	[χevəχ]

52. Membros da família. Parentes

mãe (f)	moeder	[mudər]
pai (m)	vader	[fadər]
filho (m)	seun	[søən]
filha (f)	dogter	[doχtər]
caçula (f)	jonger dogter	[joŋər doχtər]
caçula (m)	jonger seun	[joŋər søən]
filha (f) mais velha	oudste dogter	[æʊdstə doχtər]
filho (m) mais velho	oudste seun	[æʊdstə søən]
irmão (m)	broer	[brur]
irmão (m) mais velho	ouer broer	[æʊer brur]
irmão (m) mais novo	jonger broer	[joŋər brur]
irmã (f)	suster	[sustər]
irmã (f) mais velha	ouer suster	[æʊer sustər]
irmã (f) mais nova	jonger suster	[joŋər sustər]
primo (m)	neef	[neəf]
prima (f)	neef	[neəf]
mamãe (f)	ma	[ma]
papai (m)	pa	[pa]
pais (pl)	ouers	[æʊers]
criança (f)	kind	[kint]
crianças (f pl)	kinders	[kindərs]
avó (f)	ouma	[æʊma]
avô (m)	oupa	[æʊpa]

neto (m)	kleinseun	[klæjn·søən]
neta (f)	kleindogter	[klæjn·doχtər]
netos (pl)	kleinkinders	[klæjn·kindərs]

tio (m)	oom	[oəm]
tia (f)	tante	[tantə]
sobrinho (m)	neef	[neəf]
sobrinha (f)	nig	[niχ]

sogra (f)	skoonma	[skoən·ma]
sogro (m)	skoonpa	[skoən·pa]
genro (m)	skoonseun	[skoən·søən]
madrasta (f)	stiefma	[stifma]
padrasto (m)	stiefpa	[stifpa]

criança (f) de colo	baba	[baba]
bebê (m)	baba	[baba]
menino (m)	seuntjie	[søənki]

mulher (f)	vrou	[fræʊ]
marido (m)	man	[man]
esposo (m)	eggenoot	[ɛχχenoət]
esposa (f)	eggenote	[ɛχχenotə]

casado (adj)	getroud	[χetræʊt]
casada (adj)	getroud	[χetræʊt]
solteiro (adj)	ongetroud	[onχətræʊt]
solteirão (m)	vrygesel	[frajχesəl]
divorciado (adj)	geskei	[χeskæj]
viúva (f)	weduwee	[veduveə]
viúvo (m)	wedunaar	[vedunãr]

parente (m)	familielid	[famililit]
parente (m) próximo	na familie	[na famili]
parente (m) distante	ver familie	[fer famili]
parentes (m pl)	familielede	[famililedə]

órfão (m)	weeskind	[veəskint]
órfã (f)	weeskind	[veəskint]
tutor (m)	voog	[foəχ]
adotar (um filho)	aanneem	[ãnneəm]
adotar (uma filha)	aanneem	[ãnneəm]

53. Amigos. Colegas de trabalho

amigo (m)	vriend	[frint]
amiga (f)	vriendin	[frindin]
amizade (f)	vriendskap	[frindskap]
ser amigos	bevriend wees	[befrint veəs]
parceiro (m)	maat	[mãt]

chefe (m)	baas	[bãs]
superior (m)	baas	[bãs]
proprietário (m)	eienaar	[æjenãr]

subordinado (m)   ondergeskikte   [ondərχeskiktə]
colega (m, f)   kollega   [kolleχa]

conhecido (m)   kennis   [kɛnnis]
companheiro (m) de viagem medereisiger   [medə·ræjsiχər]
colega (m) de classe   klasmaat   [klas·māt]

vizinho (m)   buurman   [bɪrman]
vizinha (f)   buurvrou   [bɪrfræʊ]
vizinhos (pl)   bure   [burə]

54. Homem. Mulher

mulher (f)   vrou   [fræʊ]
menina (f)   meisie   [mæjsi]
noiva (f)   bruid   [brœit]

bonita, bela (adj)   mooi   [moj]
alta (adj)   groot   [χroət]
esbelta (adj)   slank   [slank]
baixa (adj)   kort   [kort]

loira (f)   blondine   [blondinə]
morena (f)   brunet   [brunet]

de senhora   dames-   [dames-]
virgem (f)   maagd   [māχt]
grávida (adj)   swanger   [swaŋər]

homem (m)   man   [man]
loiro (m)   blond   [blont]
moreno (m)   brunet   [brunet]
alto (adj)   groot   [χroət]
baixo (adj)   kort   [kort]

rude (adj)   onbeskof   [onbeskof]
atarracado (adj)   frisgebou   [frisχebæʊ]
robusto (adj)   frisgebou   [frisχebæʊ]
forte (adj)   sterk   [sterk]
força (f)   sterkte   [sterktə]

gordo (adj)   vet   [fet]
moreno (adj)   blas   [blas]
esbelto (adj)   slank   [slank]
elegante (adj)   elegant   [ɛleχant]

55. Idade

idade (f)   ouderdom   [æʊderdom]
juventude (f)   jeug   [jøəχ]
jovem (adj)   jong   [joŋ]
mais novo (adj)   jonger   [joŋər]

mais velho (adj)	ouer	[æʊer]
jovem (m)	jongman	[joŋman]
adolescente (m)	tiener	[tinər]
rapaz (m)	ou	[æʊ]

velho (m)	ou man	[æʊ man]
velha (f)	ou vrou	[æʊ fræʊ]

adulto	volwasse	[folwassə]
de meia-idade	middeljarig	[middəl·jarəχ]
idoso, de idade (adj)	bejaard	[bejãrt]
velho (adj)	oud	[æʊt]

aposentadoria (f)	pensioen	[pɛnsiun]
aposentar-se (vr)	met pensioen gaan	[met pɛnsiun χãn]
aposentado (m)	pensioenaris	[pɛnsiunaris]

56. Crianças

criança (f)	kind	[kint]
crianças (f pl)	kinders	[kindərs]
gêmeos (m pl), gêmeas (f pl)	tweeling	[tweəliŋ]

berço (m)	wiegie	[viχi]
chocalho (m)	rammelaar	[rammelãr]
fralda (f)	luier	[lœiər]

chupeta (f), bico (m)	fopspeen	[fopspeən]
carrinho (m) de bebê	kinderwaentjie	[kindər·waenki]
jardim (m) de infância	kindertuin	[kindər·tœin]
babysitter, babá (f)	babasitter	[babasittər]

infância (f)	kinderdae	[kindərdaə]
boneca (f)	pop	[pop]

brinquedo (m)	speelgoed	[speəl·χut]
jogo (m) de montar	boudoos	[bæʊ·doəs]

bem-educado (adj)	goed opgevoed	[χut opχəfut]
malcriado (adj)	sleg opgevoed	[sleχ opχəfut]
mimado (adj)	bederf	[bederf]

ser travesso	stout wees	[stæʊt veəs]
travesso, traquinas (adj)	ondeuend	[ondøent]

travessura (f)	ondeuendheid	[ondøenthæjt]
criança (f) travessa	rakker	[rakkər]

obediente (adj)	gehoorsaam	[χehoərsãm]
desobediente (adj)	ongehoorsaam	[onχəhoərsãm]

dócil (adj)	soet	[sut]
inteligente (adj)	slim	[slim]
prodígio (m)	wonderkind	[vondərkint]

57. Casais. Vida de família

beijar (vt)	soen	[sun]
beijar-se (vr)	mekaar soen	[mekãr sun]
família (f)	familie	[famili]
familiar (vida ~)	gesins-	[χesins-]
casal (m)	paartjie	[pãrki]
matrimônio (m)	huwelik	[huvelik]
lar (m)	tuiste	[tœistə]
dinastia (f)	dinastie	[dinasti]
encontro (m)	datum	[datum]
beijo (m)	soen	[sun]
amor (m)	liefde	[lifdə]
amar (pessoa)	liefhê	[lifhɛ:]
amado, querido (adj)	geliefde	[χelifdə]
ternura (f)	teerheid	[teərhæjt]
afetuoso (adj)	teer	[teər]
fidelidade (f)	trou	[træʊ]
fiel (adj)	trou	[træʊ]
cuidado (m)	sorg	[sorχ]
carinhoso (adj)	sorgsaam	[sorχsãm]
recém-casados (pl)	pasgetroudes	[pas·χetræʊdes]
lua (f) de mel	wittebroodsdae	[vittebroəds·daə]
casar-se (com um homem)	trou	[træʊ]
casar-se (com uma mulher)	trou	[træʊ]
casamento (m)	bruilof	[brœilof]
bodas (f pl) de ouro	goue bruilof	[χæʊə brœilof]
aniversário (m)	verjaardag	[ferjãr·daχ]
amante (m)	minnaar	[minnãr]
amante (f)	minnares	[minnares]
adultério (m), traição (f)	owerspel	[overspəl]
cometer adultério	owerspel pleeg	[overspəl pleəχ]
ciumento (adj)	jaloers	[jalurs]
ser ciumento, -a	jaloers wees	[jalurs veəs]
divórcio (m)	egskeiding	[ɛχskæjdiŋ]
divorciar-se (vr)	skei	[skæj]
brigar (discutir)	baklei	[baklæj]
fazer as pazes	versoen	[fersun]
juntos (ir ~)	saam	[sãm]
sexo (m)	seks	[seks]
felicidade (f)	geluk	[χeluk]
feliz (adj)	gelukkig	[χelukkəχ]
infelicidade (f)	ongeluk	[onχəluk]
infeliz (adj)	ongelukkig	[onχəlukkəχ]

Caráter. Sentimentos. Emoções

58. Sentimentos. Emoções

sentimento (m)	gevoel	[χeful]
sentimentos (m pl)	gevoelens	[χefulɛŋs]
sentir (vt)	voel	[ful]
fome (f)	honger	[hoŋər]
ter fome	honger wees	[hoŋər veəs]
sede (f)	dors	[dors]
ter sede	dors wees	[dors veəs]
sonolência (f)	slaperigheid	[slaperiχæjt]
estar sonolento	vaak voel	[fāk ful]
cansaço (m)	moegheid	[muχæjt]
cansado (adj)	moeg	[muχ]
ficar cansado	moeg word	[muχ vort]
humor (m)	stemming	[stɛmmiŋ]
tédio (m)	verveling	[ferfeliŋ]
entediar-se (vr)	verveeld wees	[ferveəlt veəs]
reclusão (isolamento)	afsondering	[afsondəriŋ]
isolar-se (vr)	jou afsonder	[jæu afsondər]
preocupar (vt)	bekommerd maak	[bekommərt māk]
estar preocupado	bekommerd wees	[bekommərt veəs]
preocupação (f)	kommerwekkend	[kommər·wɛkkent]
ansiedade (f)	vrees	[freəs]
preocupado (adj)	behep	[behəp]
estar nervoso	senuweeagtig wees	[senuveə·aχtəχ veəs]
entrar em pânico	paniekerig raak	[panikerəχ rāk]
esperança (f)	hoop	[hoəp]
esperar (vt)	hoop	[hoəp]
certeza (f)	sekerheid	[sekərhæjt]
certo, seguro de ...	seker	[sekər]
indecisão (f)	onsekerheid	[ɔŋsekərhæjt]
indeciso (adj)	onseker	[ɔŋsekər]
bêbado (adj)	dronk	[dronk]
sóbrio (adj)	nugter	[nuχtər]
fraco (adj)	swak	[swak]
feliz (adj)	gelukkig	[χelukkəχ]
assustar (vt)	bang maak	[baŋ māk]
fúria (f)	kwaadheid	[kwādhæjt]
ira, raiva (f)	woede	[vudə]
depressão (f)	depressie	[deprɛssi]
desconforto (m)	ongemak	[ɔnχəmak]

conforto (m)	gemak	[χemak]
arrepender-se (vr)	jammer wees	[jammər veəs]
arrependimento (m)	spyt	[spajt]
azar (m), má sorte (f)	teëspoed	[teɛsput]
tristeza (f)	droefheid	[drufhæjt]

vergonha (f)	skaamte	[skãmtə]
alegria (f)	vreugde	[frøəχdə]
entusiasmo (m)	entoesiasme	[ɛntusiasmə]
entusiasta (m)	entoesiasties	[ɛntusiastis]
mostrar entusiasmo	begeestering toon	[beχeəsteriŋ toən]

59. Caráter. Personalidade

caráter (m)	karakter	[karaktər]
falha (f) de caráter	karakterfout	[karaktər·fæʊt]
mente (f)	verstand	[ferstant]
razão (f)	verstand	[ferstant]

consciência (f)	gewete	[χevetə]
hábito, costume (m)	gewoonte	[χevoentə]
habilidade (f)	talent	[talent]
saber (~ nadar, etc.)	kan	[kan]

paciente (adj)	geduldig	[χeduldəχ]
impaciente (adj)	ongeduldig	[onχeduldəχ]
curioso (adj)	nuuskierig	[nɪskirəχ]
curiosidade (f)	nuuskierigheid	[nɪskiriχæjt]

modéstia (f)	beskeidenheid	[beskæjdenhæjt]
modesto (adj)	beskeie	[beskæje]
imodesto (adj)	onbeskeie	[onbeskæje]

preguiça (f)	luiheid	[lœihæjt]
preguiçoso (adj)	lui	[lœi]
preguiçoso (m)	luiaard	[lœiãrt]

astúcia (f)	sluheid	[sluhæjt]
astuto (adj)	slu	[slu]
desconfiança (f)	wantroue	[vantræʊə]
desconfiado (adj)	agterdogtig	[aχtərdoχtəχ]

generosidade (f)	gulheid	[χulhæjt]
generoso (adj)	gulhartig	[χulhartəχ]
talentoso (adj)	talentvol	[talentfol]
talento (m)	talent	[talent]

corajoso (adj)	moedig	[mudəχ]
coragem (f)	moed	[mut]
honesto (adj)	eerlik	[eərlik]
honestidade (f)	eerlikheid	[eərlikhæjt]

| prudente, cuidadoso (adj) | versigtig | [fersiχtəχ] |
| valoroso (adj) | dapper | [dappər] |

sério (adj)	ernstig	[ɛrnstəχ]
severo (adj)	streng	[streŋ]

decidido (adj)	vasberade	[fasberadə]
indeciso (adj)	besluiteloos	[beslœiteloəs]
tímido (adj)	skaam	[skãm]
timidez (f)	skaamheid	[skãmhæjt]

confiança (f)	vertroue	[fertræʊə]
confiar (vt)	vertrou	[fertræʊ]
crédulo (adj)	goedgelowig	[χudχəlovəχ]

sinceramente	opreg	[opreχ]
sincero (adj)	opregte	[opreχtə]
sinceridade (f)	opregtheid	[opreχthæjt]
aberto (adj)	oop	[oəp]

calmo (adj)	kalm	[kalm]
franco (adj)	openhartig	[openhartəχ]
ingênuo (adj)	naïef	[naïef]
distraído (adj)	verstrooid	[ferstrojt]
engraçado (adj)	snaaks	[snãks]

ganância (f)	hebsug	[hebsuχ]
ganancioso (adj)	hebsugtig	[hebsuχtəχ]
avarento, sovina (adj)	gierig	[χirəχ]
mal (adj)	boos	[boəs]
teimoso (adj)	hardnekkig	[hardnɛkkəχ]
desagradável (adj)	onaangenaam	[onãnχənãm]

egoísta (m)	selfsugtig	[sɛlfsuχtəχ]
egoísta (adj)	selfsugtig	[sɛlfsuχtəχ]
covarde (m)	laffaard	[laffãrt]
covarde (adj)	lafhartig	[lafhartəχ]

60. O sono. Sonhos

dormir (vi)	slaap	[slãp]
sono (m)	slaap	[slãp]
sonho (m)	droom	[droəm]
sonhar (ver sonhos)	droom	[droəm]
sonolento (adj)	vaak	[fãk]

cama (f)	bed	[bet]
colchão (m)	matras	[matras]
cobertor (m)	kombers	[kombers]
travesseiro (m)	kussing	[kussiŋ]
lençol (m)	laken	[laken]

insônia (f)	slaaploosheid	[slãploəshæjt]
sem sono (adj)	slaaploos	[slãploəs]
sonífero (m)	slaappil	[slãp·pil]
estar sonolento	vaak voel	[fãk ful]
bocejar (vi)	gaap	[χãp]

ir para a cama	gaan slaap	[χãn slãp]
fazer a cama	die bed opmaak	[di bet opmãk]
adormecer (vi)	aan die slaap raak	[ãn di slãp rãk]

pesadelo (m)	nagmerrie	[naχmerri]
ronco (m)	gesnork	[χesnork]
roncar (vi)	snork	[snork]

despertador (m)	wekker	[vɛkkər]
acordar, despertar (vt)	wakker maak	[vakkər mãk]
acordar (vi)	wakker word	[vakkər vort]
levantar-se (vr)	opstaan	[opstãn]
lavar-se (vr)	jou was	[jæʊ vas]

61. Humor. Riso. Alegria

humor (m)	humor	[humor]
senso (m) de humor	humorsin	[humorsin]
divertir-se (vr)	jouself geniet	[jæʊsɛlf χenit]
alegre (adj)	vrolik	[frolik]
diversão (f)	pret	[pret]

sorriso (m)	glimlag	[χlimlaχ]
sorrir (vi)	glimlag	[χlimlaχ]
começar a rir	begin lag	[beχin laχ]
rir (vi)	lag	[laχ]
riso (m)	lag	[laχ]

anedota (f)	anekdote	[anekdotə]
engraçado (adj)	snaaks	[snãks]
ridículo, cômico (adj)	snaaks	[snãks]

brincar (vi)	grappies maak	[χrappis mãk]
piada (f)	grappie	[χrappi]
alegria (f)	vreugde	[frøəχdə]
regozijar-se (vr)	bly wees	[blaj veəs]
alegre (adj)	bly	[blaj]

62. Discussão, conversação. Parte 1

comunicação (f)	kommunikasie	[kommunikasi]
comunicar-se (vr)	kommunikeer	[kommunikeər]

conversa (f)	gesprek	[χesprek]
diálogo (m)	dialoog	[dialoəχ]
discussão (f)	diskussie	[diskussi]
debate (m)	dispuut	[dispɪt]
debater (vt)	debatteer	[debatteər]

interlocutor (m)	gespreksgenoot	[χespreks·χenoət]
tema (m)	onderwerp	[ondərwerp]
ponto (m) de vista	standpunt	[stand·punt]

opinião (f)	opinie	[opini]
discurso (m)	toespraak	[tusprãk]
discussão (f)	bespreking	[besprekiŋ]
discutir (vt)	bespreek	[bespreek]
conversa (f)	gesprek	[χesprek]
conversar (vi)	gesels	[χesɛls]
reunião (f)	ontmoeting	[ontmutiŋ]
encontrar-se (vr)	ontmoet	[ontmut]
provérbio (m)	spreekwoord	[spreek·woərt]
ditado, provérbio (m)	gesegde	[χeseχdə]
adivinha (f)	raaisel	[rãjsəl]
senha (f)	wagwoord	[vaχ·woərt]
segredo (m)	geheim	[χəhæjm]
juramento (m)	eed	[eət]
jurar (vi)	sweer	[sweər]
promessa (f)	belofte	[beloftə]
prometer (vt)	beloof	[beloəf]
conselho (m)	raad	[rãt]
aconselhar (vt)	aanraai	[ãnrãi]
seguir o conselho	raad volg	[rãt folχ]
escutar (~ os conselhos)	luister na	[lœistər na]
novidade, notícia (f)	nuus	[nɪs]
sensação (f)	sensasie	[sɛŋsasi]
informação (f)	inligting	[inliχtiŋ]
conclusão (f)	slotsom	[slotsom]
voz (f)	stem	[stem]
elogio (m)	kompliment	[kompliment]
amável, querido (adj)	gaaf	[χãf]
palavra (f)	woord	[voərt]
frase (f)	frase	[frasə]
resposta (f)	antwoord	[antwoərt]
verdade (f)	waarheid	[vãrhæjt]
mentira (f)	leuen	[løəen]
pensamento (m)	gedagte	[χedaχtə]
ideia (f)	idee	[ideə]
fantasia (f)	verbeelding	[ferbeəldiŋ]

63. Discussão, conversação. Parte 2

estimado, respeitado (adj)	gerespekteer	[χerespekteər]
respeitar (vt)	respekteer	[respekteər]
respeito (m)	respek	[respek]
Estimado ..., Caro ...	Geagte ...	[χeaχtə ...]
apresentar (alguém a alguém)	voorstel	[foərstəl]
conhecer (vt)	kennismaak	[kɛnnismãk]

intenção (f)	voorneme	[foərnemə]
tencionar (~ fazer algo)	voornemens wees	[foərnemɛŋs veəs]
desejo (de boa sorte)	wens	[vɛŋs]
desejar (ex. ~ boa sorte)	wens	[vɛŋs]

surpresa (f)	verrassing	[ferrassiŋ]
surpreender (vt)	verras	[ferras]
surpreender-se (vr)	verbaas wees	[ferbãs veəs]

dar (vt)	gee	[χeə]
pegar (tomar)	vat	[fat]
devolver (vt)	teruggee	[teruχeə]
retornar (vt)	terugvat	[teruχfat]

desculpar-se (vr)	verskoning vra	[ferskoniŋ fra]
desculpa (f)	verskoning	[ferskoniŋ]
perdoar (vt)	vergewe	[ferχevə]

falar (vi)	praat	[prãt]
escutar (vt)	luister	[lœistər]
ouvir até o fim	aanhoor	[ānhoər]
entender (compreender)	verstaan	[ferstãn]

mostrar (vt)	wys	[vajs]
olhar para …	kyk na …	[kajk na …]
chamar (alguém para …)	roep	[rup]

perturbar, distrair (vt)	aflei	[aflæj]
perturbar (vt)	steur	[støər]
entregar (~ em mãos)	deurgee	[døərχeə]

pedido (m)	versoek	[fersuk]
pedir (ex. ~ ajuda)	versoek	[fersuk]
exigência (f)	eis	[æjs]
exigir (vt)	eis	[æjs]

insultar (chamar nomes)	terg	[terχ]
zombar (vt)	terg	[terχ]
zombaria (f)	spot	[spot]
alcunha (f), apelido (m)	bynaam	[bajnãm]

insinuação (f)	sinspeling	[sinspeliŋ]
insinuar (vt)	sinspeel	[sinspeəl]
querer dizer	impliseer	[impliseər]

descrição (f)	beskrywing	[beskrajviŋ]
descrever (vt)	beskryf	[beskrajf]
elogio (m)	lof	[lof]
elogiar (vt)	loof	[loəf]

desapontamento (m)	teleurstelling	[teløərstɛlliŋ]
desapontar (vt)	teleurstel	[teløərstəl]
desapontar-se (vr)	teleurgestel	[teløərχestəl]

| suposição (f) | veronderstelling | [feronderstɛlliŋ] |
| supor (vt) | veronderstel | [feronderstəl] |

advertência (f)	waarskuwing	[vãrskuviŋ]
advertir (vt)	waarsku	[vãrsku]

64. Discussão, conversação. Parte 3

convencer (vt)	ompraat	[omprãt]
acalmar (vt)	kalmeer	[kalmeər]

silêncio (o ~ é de ouro)	stilte	[stiltə]
ficar em silêncio	stilbly	[stilblaj]
sussurrar (vt)	fluister	[flœistər]
sussurro (m)	gefluister	[χeflœistər]

francamente	openlik	[openlik]
na minha opinião ...	volgens my ...	[folχɛŋs maj ...]

detalhe (~ da história)	besonderhede	[besondərhedə]
detalhado (adj)	gedetailleerd	[χedetajlleərt]
detalhadamente	in detail	[in detajl]
dica (f)	wenk	[vɛnk]

olhar (m)	kykie	[kajki]
dar uma olhada	kyk	[kajk]
fixo (olhada ~a)	strak	[strak]
piscar (vi)	knipper	[knippər]
piscar (vt)	knipoog	[knipoeχ]
acenar com a cabeça	knik	[knik]

suspiro (m)	sug	[suχ]
suspirar (vi)	sug	[suχ]
estremecer (vi)	huiwer	[hœivər]
gesto (m)	gebaar	[χebãr]
tocar (com as mãos)	aanraak	[ãnrãk]
agarrar (~ pelo braço)	vat	[fat]
bater de leve	op die skouer tik	[op di skæʋər tik]

Cuidado!	Oppas!	[oppas!]
Sério?	Regtig?	[rɛχtəχ?]
Tem certeza?	Is jy seker?	[is jaj sekər?]
Boa sorte!	Voorspoed!	[foərspud!]
Entendi!	Ek sien!	[ɛk sin!]
Que pena!	Jammer!	[jammər!]

65. Acordo. Recusa

consentimento (~ mútuo)	toelating	[tulatiŋ]
consentir (vi)	toelaat	[tulãt]
aprovação (f)	goedkeuring	[χudkøəriŋ]
aprovar (vt)	goedkeur	[χudkøər]
recusa (f)	weiering	[væjeriŋ]
negar-se a ...	weier	[væjer]
Ótimo!	Wonderlik!	[vondərlik!]

| Tudo bem! | Goed! | [χud!] |
| Está bem! De acordo! | OK! | [okej!] |

proibido (adj)	verbode	[ferbodə]
é proibido	dit is verbode	[dit is ferbodə]
é impossível	dis onmoontlik	[dis onmoentlik]
incorreto (adj)	onjuis	[onjœis]

rejeitar (~ um pedido)	verwerp	[ferwerp]
apoiar (vt)	steun	[støən]
aceitar (desculpas, etc.)	aanvaar	[ãnfãr]

confirmar (vt)	bevestig	[befestəχ]
confirmação (f)	bevestiging	[befestəχiŋ]
permissão (f)	toelating	[tulatiŋ]
permitir (vt)	toelaat	[tulãt]
decisão (f)	besluit	[beslœit]
não dizer nada	stilbly	[stilblaj]

condição (com uma ~)	voorwaarde	[foərwãrdə]
pretexto (m)	verskoning	[ferskoniŋ]
elogio (m)	lof	[lof]
elogiar (vt)	loof	[loəf]

66. Sucesso. Boa sorte. Insucesso

êxito, sucesso (m)	sukses	[suksɛs]
com êxito	suksesvol	[suksɛsfol]
bem sucedido (adj)	suksesvol	[suksɛsfol]

| sorte (fortuna) | geluk | [χeluk] |
| Boa sorte! | Voorspoed! | [foərspud!] |

| de sorte | geluks- | [χeluks-] |
| sortudo, felizardo (adj) | gelukkig | [χelukkəχ] |

fracasso (m)	mislukking	[mislukkiŋ]
pouca sorte (f)	teëspoed	[teɛsput]
azar (m), má sorte (f)	teëspoed	[teɛsput]

| mal sucedido (adj) | onsuksesvol | [ɔŋsuksɛsfol] |
| catástrofe (f) | katastrofe | [katastrofə] |

orgulho (m)	trots	[trots]
orgulhoso (adj)	trots	[trots]
estar orgulhoso, -a	trots wees	[trots veəs]

| vencedor (m) | wenner | [vɛnnər] |
| vencer (vi, vt) | wen | [ven] |

perder (vt)	verloor	[ferloər]
tentativa (f)	probeerslag	[probeərslaχ]
tentar (vt)	probeer	[probeər]
chance (m)	kans	[kaŋs]

67. Conflitos. Emoções negativas

grito (m)	skreeu	[skriʊ]
gritar (vi)	skreeu	[skriʊ]
começar a gritar	begin skreeu	[beχin skriʊ]

discussão (f)	rusie	[rusi]
brigar (discutir)	baklei	[baklæj]
escândalo (m)	stryery	[strajeraj]
criar escândalo	spektakel maak	[spektakəl māk]
conflito (m)	konflik	[konflik]
mal-entendido (m)	misverstand	[misferstant]

insulto (m)	belediging	[beledəχiŋ]
insultar (vt)	beledig	[beledəχ]
insultado (adj)	beledig	[beledəχ]
ofensa (f)	gekrenktheid	[χekrɛnkthæjt]
ofender (vt)	beledig	[beledəχ]
ofender-se (vr)	gekrenk voel	[χekrɛnk ful]

indignação (f)	verontwaardiging	[ferontwārdəχiŋ]
indignar-se (vr)	verontwaardig wees	[ferontwārdəχ veəs]
queixa (f)	klag	[klaχ]
queixar-se (vr)	kla	[kla]

desculpa (f)	verskoning	[ferskoniŋ]
desculpar-se (vr)	verskoning vra	[ferskoniŋ fra]
pedir perdão	om verskoning vra	[om ferskoniŋ fra]

crítica (f)	kritiek	[kritik]
criticar (vt)	kritiseer	[kritiseər]
acusação (f)	beskuldiging	[beskuldəχiŋ]
acusar (vt)	beskuldig	[beskuldəχ]

vingança (f)	wraak	[vrāk]
vingar (vt)	wreek	[vreək]
vingar-se de	wraak neem	[vrāk neəm]

desprezo (m)	minagting	[minaχtiŋ]
desprezar (vt)	minag	[minaχ]
ódio (m)	haat	[hāt]
odiar (vt)	haat	[hāt]

nervoso (adj)	senuweeagtig	[senuveə·aχtəχ]
estar nervoso	senuweeagtig wees	[senuveə·aχtəχ veəs]
zangado (adj)	kwaad	[kwāt]
zangar (vt)	kwaad maak	[kwāt māk]

humilhação (f)	vernedering	[fernedəriŋ]
humilhar (vt)	verneder	[fernedər]
humilhar-se (vr)	jouself verneder	[jæʊsɛlf fernedər]

choque (m)	skok	[skok]
chocar (vt)	skok	[skok]
aborrecimento (m)	probleme	[probləmə]

desagradável (adj)	onaangenaam	[onãnχənãm]
medo (m)	vrees	[freəs]
terrível (tempestade, etc.)	verskriklik	[ferskriklik]
assustador (ex. história ~a)	vreesaanjaend	[freəsãnjaent]
horror (m)	afgryse	[afχrajsə]
horrível (crime, etc.)	vreeslik	[freəslik]
começar a tremer	begin beef	[beχin beəf]
chorar (vi)	huil	[hœil]
começar a chorar	begin huil	[beχin hœil]
lágrima (f)	traan	[trãn]
falta (f)	skuld	[skult]
culpa (f)	skuldgevoel	[skultχəful]
desonra (f)	skande	[skandə]
protesto (m)	protes	[protes]
estresse (m)	stres	[stres]
perturbar (vt)	steur	[støər]
zangar-se com ...	woedend wees	[vudent veəs]
zangado (irritado)	kwaad	[kwãt]
terminar (vt)	beëindig	[becindəχ]
praguejar	sweer	[sweər]
assustar-se	skrik	[skrik]
golpear (vt)	slaan	[slãn]
brigar (na rua, etc.)	baklei	[baklæj]
resolver (o conflito)	besleg	[besleχ]
descontente (adj)	ontevrede	[ontefredə]
furioso (adj)	woedend	[vudent]
Não está bem!	Dis nie goed nie!	[dis ni χut ni!]
É ruim!	Dis sleg!	[dis sleχ!]

Medicina

68. Doenças

doença (f)	siekte	[siktə]
estar doente	siek wees	[sik veəs]
saúde (f)	gesondheid	[χesonthæjt]
nariz (m) escorrendo	loopneus	[loəpnøəs]
amigdalite (f)	keelontsteking	[keəl·ontstekiŋ]
resfriado (m)	verkoue	[ferkæʊə]
bronquite (f)	bronchitis	[bronχitis]
pneumonia (f)	longontsteking	[loŋ·ontstekiŋ]
gripe (f)	griep	[χrip]
míope (adj)	bysiende	[bajsində]
presbita (adj)	versiende	[fersində]
estrabismo (m)	skeelheid	[skeəlhæjt]
estrábico, vesgo (adj)	skeel	[skeəl]
catarata (f)	katarak	[katarak]
glaucoma (m)	gloukoom	[χlæʊkoəm]
AVC (m), apoplexia (f)	beroerte	[berurtə]
ataque (m) cardíaco	hartaanval	[hart·ānfal]
enfarte (m) do miocárdio	hartinfark	[hart·infark]
paralisia (f)	verlamming	[ferlammiŋ]
paralisar (vt)	verlam	[ferlam]
alergia (f)	allergie	[allerχi]
asma (f)	asma	[asma]
diabetes (f)	suikersiekte	[sœikər·siktə]
dor (f) de dente	tandpyn	[tand·pajn]
cárie (f)	tandbederf	[tand·bederf]
diarreia (f)	diarree	[diarreə]
prisão (f) de ventre	hardlywigheid	[hardlajviχæjt]
desarranjo (m) intestinal	maagongesteldheid	[māχ·oŋəstɛldhæjt]
intoxicação (f) alimentar	voedselvergiftiging	[fudsəl·ferχiftəχiŋ]
intoxicar-se	voedselvergiftiging kry	[fudsəl·ferχiftəχiŋ kraj]
artrite (f)	artritis	[artritis]
raquitismo (m)	Engelse siekte	[ɛŋəlsə siktə]
reumatismo (m)	reumatiek	[røəmatik]
arteriosclerose (f)	artrosklerose	[artrosklerosə]
gastrite (f)	maagontsteking	[māχ·ontstekiŋ]
apendicite (f)	blindedermontsteking	[blindəderm·ontstekiŋ]
colecistite (f)	galblaasontsteking	[χalblās·ontstekiŋ]

úlcera (f)	maagsweer	[mãχsweər]
sarampo (m)	masels	[masɛls]
rubéola (f)	Duitse masels	[dœitsə masɛls]
icterícia (f)	geelsug	[χeəlsuχ]
hepatite (f)	hepatitis	[hepatitis]
esquizofrenia (f)	skisofrenie	[skisofreni]
raiva (f)	hondsdolheid	[hondsdolhæjt]
neurose (f)	neurose	[nøərosə]
contusão (f) cerebral	harsingskudding	[harsiŋ·skuddiŋ]
câncer (m)	kanker	[kankər]
esclerose (f)	sklerose	[sklerosə]
esclerose (f) múltipla	veelvuldige sklerose	[feəlfuldiχə sklerosə]
alcoolismo (m)	alkoholisme	[alkoholismə]
alcoólico (m)	alkoholikus	[alkoholikus]
sífilis (f)	sifilis	[sifilis]
AIDS (f)	VIGS	[vigs]
tumor (m)	tumor	[tumor]
maligno (adj)	kwaadaardig	[kwãdãrdəχ]
benigno (adj)	goedaardig	[χudãrdəχ]
febre (f)	koors	[koərs]
malária (f)	malaria	[malaria]
gangrena (f)	gangreen	[χanχreən]
enjoo (m)	seesiekte	[seə·siktə]
epilepsia (f)	epilepsie	[ɛpilepsi]
epidemia (f)	epidemie	[ɛpidemi]
tifo (m)	tifus	[tifus]
tuberculose (f)	tuberkulose	[tuberkulosə]
cólera (f)	cholera	[χolera]
peste (f) bubônica	pes	[pes]

69. Sintomas. Tratamentos. Parte 1

sintoma (m)	simptoom	[simptoəm]
temperatura (f)	temperatuur	[temperatɪr]
febre (f)	koors	[koərs]
pulso (m)	polsslag	[pols·slaχ]
vertigem (f)	duiseligheid	[dœiseliχæjt]
quente (testa, etc.)	warm	[varm]
calafrio (m)	koue rillings	[kæʊə rilliŋs]
pálido (adj)	bleek	[bleək]
tosse (f)	hoes	[hus]
tossir (vi)	hoes	[hus]
espirrar (vi)	nies	[nis]
desmaio (m)	floute	[flæʊtə]
desmaiar (vi)	flou word	[flæʊ vort]
mancha (f) preta	blou kol	[blæʊ kol]

galo (m)	knop	[knop]
machucar-se (vr)	stamp	[stamp]
contusão (f)	besering	[beseriŋ]
mancar (vi)	hink	[hink]
deslocamento (f)	ontwrigting	[ontwriχtiŋ]
deslocar (vt)	ontwrig	[ontwrəχ]
fratura (f)	breuk	[brøək]
fraturar (vt)	n breuk hê	[n brøək hɛ:]
corte (m)	sny	[snaj]
cortar-se (vr)	jouself sny	[jæusɛlf snaj]
hemorragia (f)	bloeding	[bludiŋ]
queimadura (f)	brandwond	[brant·vont]
queimar-se (vr)	jouself brand	[jæusɛlf brant]
picar (vt)	prik	[prik]
picar-se (vr)	jouself prik	[jæusɛlf prik]
lesionar (vt)	seermaak	[seermãk]
lesão (m)	besering	[beseriŋ]
ferida (f), ferimento (m)	wond	[vont]
trauma (m)	trauma	[trɔuma]
delirar (vi)	yl	[ajl]
gaguejar (vi)	stotter	[stottər]
insolação (f)	sonsteek	[sɔŋ·steek]

70. Sintomas. Tratamentos. Parte 2

dor (f)	pyn	[pajn]
farpa (no dedo, etc.)	splinter	[splintər]
suor (m)	sweet	[sweət]
suar (vi)	sweet	[sweət]
vômito (m)	braak	[brãk]
convulsões (f pl)	stuiptrekkings	[stœip·trɛkkiŋs]
grávida (adj)	swanger	[swaŋər]
nascer (vi)	gebore word	[χeborə vort]
parto (m)	geboorte	[χeboərtə]
dar à luz	baar	[bãr]
aborto (m)	aborsie	[aborsi]
respiração (f)	asemhaling	[asemhaliŋ]
inspiração (f)	inaseming	[inasemiŋ]
expiração (f)	uitaseming	[œitasemiŋ]
expirar (vi)	uitasem	[œitasem]
inspirar (vi)	inasem	[inasem]
inválido (m)	invalide	[infalidə]
aleijado (m)	kreupel	[krøəpəl]
drogado (m)	dwelmslaaf	[dwɛlm·slãf]
surdo (adj)	doof	[doəf]

| mudo (adj) | stom | [stom] |
| surdo-mudo (adj) | doofstom | [doəf·stom] |

louco, insano (adj)	swaksinnig	[swaksinnəχ]
louco (m)	kranksinnige	[kranksinniχə]
louca (f)	kranksinnige	[kranksinniχə]
ficar louco	kranksinnig word	[kranksinnəχ vort]

gene (m)	geen	[χeən]
imunidade (f)	immuniteit	[immunitæjt]
hereditário (adj)	erflik	[ɛrflik]
congênito (adj)	aangebore	[ānχəborə]

vírus (m)	virus	[firus]
micróbio (m)	mikrobe	[mikrobə]
bactéria (f)	bakterie	[bakteri]
infecção (f)	infeksie	[infeksi]

71. Sintomas. Tratamentos. Parte 3

| hospital (m) | hospitaal | [hospitāl] |
| paciente (m) | pasiënt | [pasiɛnt] |

diagnóstico (m)	diagnose	[diaχnosə]
cura (f)	genesing	[χenesiŋ]
tratamento (m) médico	mediese behandeling	[medisə behandəliŋ]
curar-se (vr)	behandeling kry	[behandəliŋ kraj]
tratar (vt)	behandel	[behandəl]
cuidar (pessoa)	versorg	[fersorχ]
cuidado (m)	versorging	[fersorχiŋ]

operação (f)	operasie	[operasi]
enfaixar (vt)	verbind	[ferbint]
enfaixamento (m)	verband	[ferbant]
vacinação (f)	inenting	[inɛntiŋ]
vacinar (vt)	inent	[inɛnt]
injeção (f)	inspuiting	[inspœitiŋ]

ataque (~ de asma, etc.)	aanval	[ānfal]
amputação (f)	amputasie	[amputasi]
amputar (vt)	amputeer	[amputeər]
coma (f)	koma	[koma]
reanimação (f)	intensiewe sorg	[intɛnsivə sorχ]

recuperar-se (vr)	herstel	[herstəl]
estado (~ de saúde)	kondisie	[kondisi]
consciência (perder a ~)	bewussyn	[bevussajn]
memória (f)	geheue	[χəhøə]

tirar (vt)	trek	[trek]
obturação (f)	vulsel	[fulsəl]
obturar (vt)	vul	[ful]
hipnose (f)	hipnose	[hipnosə]
hipnotizar (vt)	hipnotiseer	[hipnotiseər]

72. Médicos

médico (m)	dokter	[doktər]
enfermeira (f)	verpleegster	[ferpleəχ·stər]
médico (m) pessoal	lyfarts	[lajf·arts]

dentista (m)	tandarts	[tand·arts]
oculista (m)	oogarts	[oəχ·arts]
terapeuta (m)	internis	[internis]
cirurgião (m)	chirurg	[ʃirurχ]

psiquiatra (m)	psigiater	[psiχiatər]
pediatra (m)	kinderdokter	[kindər·doktər]
psicólogo (m)	sielkundige	[silkundiχə]
ginecologista (m)	ginekoloog	[χinekoloəχ]
cardiologista (m)	kardioloog	[kardioloəχ]

73. Medicina. Drogas. Acessórios

| medicamento (m) | medisyn | [medisajn] |
| remédio (m) | geneesmiddel | [χeneəs·middəl] |

| receitar (vt) | voorskryf | [foərskrajf] |
| receita (f) | voorskrif | [foərskrif] |

comprimido (m)	pil	[pil]
unguento (m)	salf	[salf]
ampola (f)	ampul	[ampul]
solução, preparado (m)	mengsel	[meŋsəl]
xarope (m)	stroop	[stroəp]

| cápsula (f) | pil | [pil] |
| pó (m) | poeier | [pujer] |

atadura (f)	verband	[ferbant]
algodão (m)	watte	[vattə]
iodo (m)	iodium	[iodium]

| curativo (m) adesivo | pleister | [plæjstər] |
| conta-gotas (m) | oogdrupper | [oəχ·druppər] |

| termômetro (m) | termometer | [termometər] |
| seringa (f) | spuitnaald | [spœit·nãlt] |

| cadeira (f) de rodas | rolstoel | [rol·stul] |
| muletas (f pl) | krukke | [krukkə] |

| analgésico (m) | pynstiller | [pajn·stillər] |
| laxante (m) | lakseermiddel | [lakseər·middəl] |

álcool (m)	spiritus	[spiritus]
ervas (f pl) medicinais	geneeskragtige kruie	[χeneəs·kraχtiχə krœiə]
de ervas (chá ~)	kruie-	[krœie-]

74. Fumar. Produtos tabágicos

tabaco (m)	**tabak**	[tabak]
cigarro (m)	**sigaret**	[siχaret]
charuto (m)	**sigaar**	[siχār]
cachimbo (m)	**pyp**	[pajp]
maço (~ de cigarros)	**pakkie**	[pakki]
fósforos (m pl)	**vuurhoutjies**	[fɪrhæʊkis]
caixa (f) de fósforos	**vuurhoutjiedosie**	[fɪrhæʊki·dosi]
isqueiro (m)	**aansteker**	[āŋstekər]
cinzeiro (m)	**asbak**	[asbak]
cigarreira (f)	**sigarethouer**	[siχaret·hæʊər]
piteira (f)	**sigaretpypie**	[siχaret·pajpi]
filtro (m)	**filter**	[filtər]
fumar (vi, vt)	**rook**	[roək]
acender um cigarro	**aansteek**	[āŋsteək]
tabagismo (m)	**rook**	[roək]
fumante (m)	**roker**	[rokər]
bituca (f)	**stompie**	[stompi]
fumaça (f)	**rook**	[roək]
cinza (f)	**as**	[as]

HABITAT HUMANO

Cidade

75. Cidade. Vida na cidade

cidade (f)	stad	[stat]
capital (f)	hoofstad	[hoəf·stat]
aldeia (f)	dorp	[dorp]
mapa (m) da cidade	stadskaart	[stats·kãrt]
centro (m) da cidade	sentrum	[sentrum]
subúrbio (m)	voorstad	[foərstat]
suburbano (adj)	voorstedelik	[foərstedelik]
periferia (f)	buitewyke	[bœitəvajkə]
arredores (m pl)	omgewing	[omχeviŋ]
quarteirão (m)	stadswyk	[stats·wajk]
quarteirão (m) residencial	woonbuurt	[voənbɪrt]
tráfego (m)	verkeer	[ferkeər]
semáforo (m)	robot	[robot]
transporte (m) público	openbare vervoer	[openbarə ferfur]
cruzamento (m)	kruispunt	[krœis·punt]
faixa (f)	sebraoorgang	[sebra·oərχaŋ]
túnel (m) subterrâneo	voetgangertonnel	[futχaŋər·tonnəl]
cruzar, atravessar (vt)	oorsteek	[oərsteək]
pedestre (m)	voetganger	[futχaŋər]
calçada (f)	sypaadjie	[saj·pãdʒi]
ponte (f)	brug	[bruχ]
margem (f) do rio	wal	[val]
fonte (f)	fontein	[fontæjn]
alameda (f)	laning	[laniŋ]
parque (m)	park	[park]
bulevar (m)	boulevard	[bulefar]
praça (f)	plein	[plæjn]
avenida (f)	laan	[lãn]
rua (f)	straat	[strãt]
travessa (f)	systraat	[saj·strãt]
beco (m) sem saída	doodloopstraat	[doədloəp·strãt]
casa (f)	huis	[hœis]
edifício, prédio (m)	gebou	[χebæu]
arranha-céu (m)	wolkekrabber	[volkə·krabbər]
fachada (f)	gewel	[χevəl]
telhado (m)	dak	[dak]

janela (f)	venster	[fɛŋstər]
arco (m)	arkade	[arkadə]
coluna (f)	kolom	[kolom]
esquina (f)	hoek	[huk]

vitrine (f)	uitstalraam	[œitstalrãm]
letreiro (m)	reklamebord	[reklamə·bort]
cartaz (do filme, etc.)	plakkaat	[plakkãt]
cartaz (m) publicitário	reklameplakkaat	[reklamə·plakkãt]
painel (m) publicitário	aanplakbord	[ãnplakbort]

lixo (m)	vullis	[fullis]
lata (f) de lixo	vullisbak	[fullis·bak]
jogar lixo na rua	rommel strooi	[rommel stroj]
aterro (m) sanitário	vullishoop	[fullis·hoəp]

orelhão (m)	telefoonhokkie	[telefoən·hokki]
poste (m) de luz	lamppaal	[lamp·pãl]
banco (m)	bank	[bank]

polícia (m)	polisieman	[polisi·man]
polícia (instituição)	polisie	[polisi]
mendigo, pedinte (m)	bedelaar	[bedelãr]
desabrigado (m)	daklose	[daklosə]

76. Instituições urbanas

loja (f)	winkel	[vinkəl]
drogaria (f)	apteek	[apteək]
ótica (f)	optisïen	[optisiɛn]
centro (m) comercial	winkelsentrum	[vinkəl·sentrum]
supermercado (m)	supermark	[supermark]

padaria (f)	bakkery	[bakkeraj]
padeiro (m)	bakker	[bakkər]
pastelaria (f)	banketbakkery	[banket·bakkeraj]
mercearia (f)	kruidenierswinkel	[krœidenirs·vinkəl]
açougue (m)	slagter	[slaχtər]

| fruteira (f) | groentewinkel | [χruntə·vinkəl] |
| mercado (m) | mark | [mark] |

cafeteria (f)	koffiekroeg	[koffi·kruχ]
restaurante (m)	restaurant	[restourant]
bar (m)	kroeg	[kruχ]
pizzaria (f)	pizzeria	[pizzeria]

salão (m) de cabeleireiro	haarsalon	[hãr·salon]
agência (f) dos correios	poskantoor	[pos·kantoər]
lavanderia (f)	droogskoonmakers	[droəχ·skoən·makers]
estúdio (m) fotográfico	fotostudio	[foto·studio]

| sapataria (f) | skoenwinkel | [skun·vinkəl] |
| livraria (f) | boekhandel | [buk·handəl] |

loja (f) de artigos esportivos	**sportwinkel**	[sport·vinkəl]
costureira (m)	**klereherstelwinkel**	[klerə·herstəl·vinkəl]
aluguel (m) de roupa	**klereverhuurwinkel**	[klerə·ferhɪr·vinkəl]
videolocadora (f)	**videowinkel**	[video·vinkəl]
circo (m)	**sirkus**	[sirkus]
jardim (m) zoológico	**dieretuin**	[dirə·tœin]
cinema (m)	**bioskoop**	[bioskoəp]
museu (m)	**museum**	[musøəm]
biblioteca (f)	**biblioteek**	[biblioteək]
teatro (m)	**teater**	[teatər]
ópera (f)	**opera**	[opera]
boate (casa noturna)	**nagklub**	[naχ·klup]
cassino (m)	**kasino**	[kasino]
mesquita (f)	**moskee**	[moskeə]
sinagoga (f)	**sinagoge**	[sinaχoχə]
catedral (f)	**katedraal**	[katedrãl]
templo (m)	**tempel**	[tempəl]
igreja (f)	**kerk**	[kerk]
faculdade (f)	**kollege**	[kolledʒ]
universidade (f)	**universiteit**	[unifersitæjt]
escola (f)	**skool**	[skoəl]
prefeitura (f)	**stadhuis**	[stat·hœis]
câmara (f) municipal	**stadhuis**	[stat·hœis]
hotel (m)	**hotel**	[hotəl]
banco (m)	**bank**	[bank]
embaixada (f)	**ambassade**	[ambassadə]
agência (f) de viagens	**reisagentskap**	[ræjs·aχentskap]
agência (f) de informações	**inligtingskantoor**	[inliχtiŋs·kantoər]
casa (f) de câmbio	**wisselkantoor**	[vissəl·kantoər]
metrô (m)	**metro**	[metro]
hospital (m)	**hospitaal**	[hospitãl]
posto (m) de gasolina	**petrolstasie**	[petrol·stasi]
parque (m) de estacionamento	**parkeerterrein**	[parkeər·terræjn]

77. Transportes urbanos

ônibus (m)	**bus**	[bus]
bonde (m) elétrico	**trem**	[trem]
trólebus (m)	**trembus**	[trembus]
rota (f), itinerário (m)	**busroete**	[bus·rutə]
número (m)	**nommer**	[nommər]
ir de ... (carro, etc.)	**ry per ...**	[raj pər ...]
entrar no ...	**inklim**	[inklim]
descer do ...	**uitklim ...**	[œitklim ...]
parada (f)	**halte**	[haltə]

próxima parada (f)	volgende halte	[folχendə haltə]
terminal (m)	eindpunt	[æjnd·punt]
horário (m)	diensrooster	[diŋs·roəstər]
esperar (vt)	wag	[vaχ]

| passagem (f) | kaartjie | [kārki] |
| tarifa (f) | reistarief | [ræjs·tarif] |

bilheteiro (m)	kaartjieverkoper	[kārki·ferkopər]
controle (m) de passagens	kaartjiekontrole	[kārki·kontrolə]
revisor (m)	kontroleur	[kontroløər]

atrasar-se (vr)	laat wees	[lāt veəs]
perder (o autocarro, etc.)	mis	[mis]
estar com pressa	haastig wees	[hāstəχ veəs]

táxi (m)	taxi	[taksi]
taxista (m)	taxibestuurder	[taksi·bestɪrdər]
de táxi (ir ~)	per taxi	[pər taksi]
ponto (m) de táxis	taxistaanplek	[taksi·stānplek]

tráfego (m)	verkeer	[ferkeər]
engarrafamento (m)	verkeersknoop	[ferkeərs·knoəp]
horas (f pl) de pico	spitsuur	[spits·ɪr]
estacionar (vi)	parkeer	[parkeər]
estacionar (vt)	parkeer	[parkeər]
parque (m) de estacionamento	parkeerterrein	[parkeər·terræjn]

metrô (m)	metro	[metro]
estação (f)	stasie	[stasi]
ir de metrô	die metro vat	[di metro fat]
trem (m)	trein	[træjn]
estação (f) de trem	treinstasie	[træjn·stasi]

78. Turismo

monumento (m)	monument	[monument]
fortaleza (f)	fort	[fort]
palácio (m)	paleis	[palæjs]
castelo (m)	kasteel	[kasteəl]
torre (f)	toring	[toriŋ]
mausoléu (m)	mausoleum	[mɔusoløəm]

arquitetura (f)	argitektuur	[arχitektɪr]
medieval (adj)	Middeleeus	[middeliʋs]
antigo (adj)	oud	[æʋt]
nacional (adj)	nasionaal	[naʃionāl]
famoso, conhecido (adj)	bekend	[bekent]

turista (m)	toeris	[turis]
guia (pessoa)	gids	[χids]
excursão (f)	uitstappie	[œitstappi]
mostrar (vt)	wys	[vajs]
contar (vt)	vertel	[fertəl]

encontrar (vt)	vind	[fint]
perder-se (vr)	verdwaal	[ferdwãl]
mapa (~ do metrô)	kaart	[kãrt]
mapa (~ da cidade)	kaart	[kãrt]

lembrança (f), presente (m)	aandenking	[ãndenkiŋ]
loja (f) de presentes	geskenkwinkel	[χeskɛnk·vinkəl]
tirar fotos, fotografar	fotografeer	[fotoχrafeər]
fotografar-se (vr)	jou portret laat maak	[jæʊ portret lãt mãk]

79. Compras

comprar (vt)	koop	[koəp]
compra (f)	aankoop	[ãnkoəp]
fazer compras	inkopies doen	[inkopis dun]
compras (f pl)	inkoop	[inkoəp]

estar aberta (loja)	oop wees	[oəp veəs]
estar fechada	toe wees	[tu veəs]

calçado (m)	skoeisel	[skuisəl]
roupa (f)	klere	[klerə]
cosméticos (m pl)	kosmetika	[kosmetika]
alimentos (m pl)	voedingsware	[fudiŋs·warə]
presente (m)	present	[present]

vendedor (m)	verkoper	[ferkopər]
vendedora (f)	verkoopsdame	[ferkoəps·damə]

caixa (f)	kassier	[kassir]
espelho (m)	spieël	[spiɛl]
balcão (m)	toonbank	[toən·bank]
provador (m)	paskamer	[pas·kamər]

provar (vt)	aanpas	[ãnpas]
servir (roupa, caber)	pas	[pas]
gostar (apreciar)	hou van	[hæʊ fan]

preço (m)	prys	[prajs]
etiqueta (f) de preço	pryskaartjie	[prajs·kãrki]
custar (vt)	kos	[kos]
Quanto?	Hoeveel?	[hufeəl?]
desconto (m)	afslag	[afslaχ]

não caro (adj)	billik	[billik]
barato (adj)	goedkoop	[χudkoəp]

caro (adj)	duur	[dɪr]
É caro	dis duur	[dis dɪr]

aluguel (m)	verhuur	[ferhɪr]
alugar (roupas, etc.)	verhuur	[ferhɪr]
crédito (m)	krediet	[kredit]
a crédito	op krediet	[op kredit]

80. Dinheiro

dinheiro (m)	geld	[χɛlt]
câmbio (m)	valutaruil	[faluta·rœil]
taxa (f) de câmbio	wisselkoers	[vissəl·kurs]
caixa (m) eletrônico	OTM	[o·te·em]
moeda (f)	muntstuk	[muntstuk]

| dólar (m) | dollar | [dollar] |
| euro (m) | euro | [øəro] |

lira (f)	lira	[lira]
marco (m)	Duitse mark	[dœitsə mark]
franco (m)	frank	[frank]
libra (f) esterlina	pond sterling	[pont sterliŋ]
iene (m)	yen	[jɛn]

dívida (f)	skuld	[skult]
devedor (m)	skuldenaar	[skuldenãr]
emprestar (vt)	uitleen	[œitleən]
pedir emprestado	leen	[leən]

banco (m)	bank	[bank]
conta (f)	rekening	[rekəniŋ]
depositar (vt)	deponeer	[deponeər]
sacar (vt)	trek	[trek]

cartão (m) de crédito	kredietkaart	[kredit·kãrt]
dinheiro (m) vivo	kontant	[kontant]
cheque (m)	tjek	[tʃek]
talão (m) de cheques	tjekboek	[tʃek·buk]

carteira (f)	beursie	[bøərsi]
niqueleira (f)	muntstukbeursie	[muntstuk·bøərsi]
cofre (m)	brandkas	[brant·kas]

herdeiro (m)	erfgenaam	[ɛrfχənãm]
herança (f)	erfenis	[ɛrfenis]
fortuna (riqueza)	fortuin	[fortœin]

arrendamento (m)	huur	[hɪr]
aluguel (pagar o ~)	huur	[hɪr]
alugar (vt)	huur	[hɪr]

preço (m)	prys	[prajs]
custo (m)	prys	[prajs]
soma (f)	som	[som]

gastar (vt)	spandeer	[spandeər]
gastos (m pl)	onkoste	[onkostə]
economizar (vi)	besuinig	[besœinəχ]
econômico (adj)	ekonomies	[ɛkonomis]

| pagar (vt) | betaal | [betãl] |
| pagamento (m) | betaling | [betaliŋ] |

troco (m)	wisselgeld	[vissəl·χɛlt]
imposto (m)	belasting	[belastiŋ]
multa (f)	boete	[butə]
multar (vt)	beboet	[bebut]

81. Correios. Serviço postal

agência (f) dos correios	poskantoor	[pos·kantoər]
correio (m)	pos	[pos]
carteiro (m)	posbode	[pos·bodə]
horário (m)	besigheidsure	[besiχæjts·urə]

carta (f)	brief	[brif]
carta (f) registada	geregistreerde brief	[χereχistreərdə brif]
cartão (m) postal	poskaart	[pos·kãrt]
telegrama (m)	telegram	[teleχram]
encomenda (f)	pakkie	[pakki]
transferência (f) de dinheiro	geldoorplasing	[χɛld·oərplasiŋ]

receber (vt)	ontvang	[ontfaŋ]
enviar (vt)	stuur	[stɪr]
envio (m)	versending	[fersendiŋ]

endereço (m)	adres	[adres]
código (m) postal	poskode	[pos·kodə]
remetente (m)	sender	[sendər]
destinatário (m)	ontvanger	[ontfaŋər]

| nome (m) | voornaam | [foərnãm] |
| sobrenome (m) | van | [fan] |

tarifa (f)	postarief	[pos·tarif]
ordinário (adj)	standaard	[standãrt]
econômico (adj)	ekonomies	[ɛkonomis]

peso (m)	gewig	[χevəχ]
pesar (estabelecer o peso)	weeg	[veeχ]
envelope (m)	koevert	[kufert]
selo (m) postal	posseël	[pos·seɛl]

Moradia. Casa. Lar

82. Casa. Habitação

casa (f)	huis	[hœis]
em casa	tuis	[tœis]
pátio (m), quintal (f)	werf	[verf]
cerca, grade (f)	omheining	[omhæjnɪŋ]
tijolo (m)	baksteen	[baksteən]
de tijolos	baksteen-	[baksteən-]
pedra (f)	klip	[klip]
de pedra	klip-	[klip-]
concreto (m)	beton	[beton]
concreto (adj)	beton-	[beton-]
novo (adj)	nuut	[nɪt]
velho (adj)	ou	[æʊ]
decrépito (adj)	vervalle	[ferfallə]
moderno (adj)	moderne	[modernə]
de vários andares	multiverdieping-	[multi·ferdipiŋ-]
alto (adj)	hoë	[hoɛ]
andar (m)	verdieping	[ferdipiŋ]
de um andar	enkelverdieping	[ɛnkəl·ferdipiŋ]
térreo (m)	eerste verdieping	[eərstə ferdipiŋ]
andar (m) de cima	boonste verdieping	[boəŋstə verdipiŋ]
telhado (m)	dak	[dak]
chaminé (f)	skoorsteen	[skoərsteən]
telha (f)	dakteëls	[daktɛɛls]
de telha	geteël	[χeteɛl]
sótão (m)	solder	[soldər]
janela (f)	venster	[fɛŋstər]
vidro (m)	glas	[χlas]
parapeito (m)	vensterbank	[fɛŋstər·bank]
persianas (f pl)	luik	[lœik]
parede (f)	muur	[mɪr]
varanda (f)	balkon	[balkon]
calha (f)	reënpyp	[reɛn·pajp]
em cima	bo	[bo]
subir (vi)	boontoe gaan	[boentu χãn]
descer (vi)	afkom	[afkom]
mudar-se (vr)	verhuis	[ferhœis]

83. Casa. Entrada. Elevador

entrada (f)	ingang	[inχaŋ]
escada (f)	trap	[trap]
degraus (m pl)	treetjies	[treekis]
corrimão (m)	leuning	[løəniŋ]
hall (m) de entrada	voorportaal	[foər·portāl]
caixa (f) de correio	posbus	[pos·bus]
lata (f) do lixo	vullisblik	[fullis·blik]
calha (f) de lixo	vullisgeut	[fullis·χøət]
elevador (m)	hysbak	[hajsbak]
elevador (m) de carga	vraghysbak	[fraχ·hajsbak]
cabine (f)	hysbak	[hajsbak]
pegar o elevador	hysbak neem	[hajsbak neəm]
apartamento (m)	woonstel	[voəŋstəl]
residentes (pl)	bewoners	[bevoners]
vizinho (m)	buurman	[bɪrman]
vizinha (f)	buurvrou	[bɪrfræʊ]
vizinhos (pl)	bure	[burə]

84. Casa. Portas. Fechaduras

porta (f)	deur	[døər]
portão (m)	hek	[hek]
maçaneta (f)	deurknop	[døər·knop]
destrancar (vt)	oopsluit	[oəpslœit]
abrir (vt)	oopmaak	[oəpmāk]
fechar (vt)	sluit	[slœit]
chave (f)	sleutel	[sløətəl]
molho (m)	bos	[bos]
ranger (vi)	kraak	[krāk]
rangido (m)	gekraak	[χekrāk]
dobradiça (f)	skarnier	[skarnir]
capacho (m)	deurmat	[døər·mat]
fechadura (f)	deurslot	[døər·slot]
buraco (m) da fechadura	sleutelgat	[sløətəl·χat]
barra (f)	grendel	[χrendəl]
fecho (ferrolho pequeno)	deurknip	[døər·knip]
cadeado (m)	hangslot	[haŋslot]
tocar (vt)	lui	[lœi]
toque (m)	gelui	[χelœi]
campainha (f)	deurklokkie	[døər·klokki]
botão (m)	belknoppie	[bɛl·knoppi]
batida (f)	klop	[klop]
bater (vi)	klop	[klop]
código (m)	kode	[kodə]
fechadura (f) de código	kombinasieslot	[kombinasi·slot]

interfone (m)	**interkom**	[interkom]
número (m)	**nommer**	[nommər]
placa (f) de porta	**naambordjie**	[nām·bordʒi]
olho (m) mágico	**loergaatjie**	[lurχāki]

85. Casa de campo

aldeia (f)	**dorp**	[dorp]
horta (f)	**groentetuin**	[χruntə·tœin]
cerca (f)	**heining**	[hæjniŋ]
cerca (f) de piquete	**spitspaalheining**	[spitspāl·hæjniŋ]
portão (f) do jardim	**tuinhekkie**	[tœin·hɛkki]
celeiro (m)	**graanstoorplek**	[χrāŋ·stoərplek]
adega (f)	**wortelkelder**	[vortəl·keldər]
galpão, barracão (m)	**tuinhuisie**	[tœin·hœisi]
poço (m)	**waterput**	[vatər·put]
fogão (m)	**houtkaggel**	[hæʊt·kaχχəl]
atiçar o fogo	**die houtkaggel stook**	[di hæʊt·kaχχəl stoək]
lenha (carvão ou ~)	**brandhout**	[brant·hæʊt]
acha, lenha (f)	**stomp**	[stomp]
varanda (f)	**stoep**	[stup]
alpendre (m)	**dek**	[dek]
degraus (m pl) de entrada	**ingangstrappie**	[inχaŋs·trappi]
balanço (m)	**swaai**	[swāi]

86. Castelo. Palácio

castelo (m)	**kasteel**	[kasteəl]
palácio (m)	**paleis**	[palæjs]
fortaleza (f)	**fort**	[fort]
muralha (f)	**ringmuur**	[riŋ·mɪr]
torre (f)	**toring**	[toriŋ]
calabouço (m)	**toring**	[toriŋ]
grade (f) levadiça	**valhek**	[falhek]
passagem (f) subterrânea	**tonnel**	[tonnəl]
fosso (m)	**grag**	[χraχ]
corrente, cadeia (f)	**ketting**	[kɛttiŋ]
seteira (f)	**skietgat**	[skitχat]
magnífico (adj)	**pragtig**	[praχtəχ]
majestoso (adj)	**majestueus**	[majestuøəs]
inexpugnável (adj)	**onneembaar**	[onneəmbār]
medieval (adj)	**Middeleeus**	[middeliʊs]

87. Apartamento

apartamento (m)	woonstel	[voeŋstəl]
quarto, cômodo (m)	kamer	[kamər]
quarto (m) de dormir	slaapkamer	[slāp·kamər]
sala (f) de jantar	eetkamer	[eət·kamər]
sala (f) de estar	sitkamer	[sit·kamər]
escritório (m)	studeerkamer	[studeer·kamər]
sala (f) de entrada	ingangsportaal	[inχaŋs·portāl]
banheiro (m)	badkamer	[bad·kamər]
lavabo (m)	toilet	[tojlet]
teto (m)	plafon	[plafon]
chão, piso (m)	vloer	[flur]
canto (m)	hoek	[huk]

88. Apartamento. Limpeza

arrumar, limpar (vt)	skoonmaak	[skoənmāk]
guardar (no armário, etc.)	bêre	[bærə]
pó (m)	stof	[stof]
empoeirado (adj)	stoffig	[stoffəχ]
tirar o pó	afstof	[afstof]
aspirador (m)	stofsuier	[stof·sœiər]
aspirar (vt)	stofsuig	[stofsœiχ]
varrer (vt)	vee	[feə]
sujeira (f)	veegsel	[feəχsəl]
arrumação, ordem (f)	orde	[ordə]
desordem (f)	wanorde	[vanordə]
esfregão (m)	mop	[mop]
pano (m), trapo (m)	stoflap	[stoflap]
vassoura (f)	kort besem	[kort besem]
pá (f) de lixo	skoppie	[skoppi]

89. Mobiliário. Interior

mobiliário (m)	meubels	[møəbɛls]
mesa (f)	tafel	[tafel]
cadeira (f)	stoel	[stul]
cama (f)	bed	[bet]
sofá, divã (m)	rusbank	[rusbank]
poltrona (f)	gemakstoel	[χemak·stul]
estante (f)	boekkas	[buk·kas]
prateleira (f)	rak	[rak]
guarda-roupas (m)	klerekas	[klerə·kas]
cabide (m) de parede	kapstok	[kapstok]

cabideiro (m) de pé	kapstok	[kapstok]
cômoda (f)	laaikas	[lājkas]
mesinha (f) de centro	koffietafel	[koffi·tafəl]

espelho (m)	spieël	[spiɛl]
tapete (m)	mat	[mat]
tapete (m) pequeno	matjie	[maki]

lareira (f)	vuurherd	[fɪr·hert]
vela (f)	kers	[kers]
castiçal (m)	kandelaar	[kandelār]

cortinas (f pl)	gordyne	[χordajnə]
papel (m) de parede	muurpapier	[mɪr·papir]
persianas (f pl)	blindings	[blindiŋs]

luminária (f) de mesa	tafellamp	[tafel·lamp]
luminária (f) de parede	muurlamp	[mɪr·lamp]
abajur (m) de pé	staanlamp	[stān·lamp]
lustre (m)	kroonlugter	[kroən·luχtər]

pé (de mesa, etc.)	poot	[poət]
braço, descanso (m)	armleuning	[arm·løəniŋ]
costas (f pl)	rugleuning	[ruχ·løəniŋ]
gaveta (f)	laai	[lāi]

90. Quarto de dormir

roupa (f) de cama	beddegoed	[beddə·χut]
travesseiro (m)	kussing	[kussiŋ]
fronha (f)	kussingsloop	[kussiŋ·sloəp]
cobertor (m)	duvet	[dufet]
lençol (m)	laken	[laken]
colcha (f)	bedsprei	[bed·spræj]

91. Cozinha

cozinha (f)	kombuis	[kombœis]
gás (m)	gas	[χas]
fogão (m) a gás	gasstoof	[χas·stoəf]
fogão (m) elétrico	elektriese stoof	[elektrisə stoəf]
forno (m)	oond	[oent]
forno (m) de micro-ondas	mikrogolfoond	[mikroχolf·oent]

geladeira (f)	yskas	[ajs·kas]
congelador (m)	vrieskas	[friskas]
máquina (f) de lavar louça	skottelgoedwasser	[skottɛlχud·wassər]

moedor (m) de carne	vleismeul	[flæjs·møəl]
espremedor (m)	versapper	[fersappər]
torradeira (f)	broodrooster	[broəd·roəstər]
batedeira (f)	menger	[meŋər]

máquina (f) de café	koffiemasjien	[koffi·maʃin]
cafeteira (f)	koffiepot	[koffi·pot]
moedor (m) de café	koffiemeul	[koffi·møəl]

chaleira (f)	fluitketel	[flœit·ketəl]
bule (m)	teepot	[teə·pot]
tampa (f)	deksel	[deksəl]
coador (m) de chá	teesiffie	[teə·siffi]

colher (f)	lepel	[lepəl]
colher (f) de chá	teelepeltjie	[teə·lepəlki]
colher (f) de sopa	soplepel	[sop·lepəl]
garfo (m)	vurk	[furk]
faca (f)	mes	[mes]

louça (f)	tafelgerei	[tafel·ɣeræj]
prato (m)	bord	[bort]
pires (m)	piering	[piriŋ]

cálice (m)	likeurglas	[likøər·ɣlas]
copo (m)	glas	[ɣlas]
xícara (f)	koppie	[koppi]

açucareiro (m)	suikerpot	[sœikər·pot]
saleiro (m)	soutvaatjie	[sæut·fāki]
pimenteiro (m)	pepervaatjie	[pepər·fāki]
manteigueira (f)	botterbakkie	[bottər·bakki]

panela (f)	soppot	[sop·pot]
frigideira (f)	braaipan	[brāj·pan]
concha (f)	opskeplepel	[opskep·lepəl]
coador (m)	vergiet	[ferɣit]
bandeja (f)	skinkbord	[skink·bort]

garrafa (f)	bottel	[bottəl]
pote (m) de vidro	fles	[fles]
lata (~ de cerveja)	blikkie	[blikki]

abridor (m) de garrafa	botteloopmaker	[bottəl·oəpmakər]
abridor (m) de latas	blikoopmaker	[blik·oəpmakər]
saca-rolhas (m)	kurktrekker	[kurk·trɛkkər]
filtro (m)	filter	[filtər]
filtrar (vt)	filter	[filtər]

lixo (m)	vullis	[fullis]
lixeira (f)	vullisbak	[fullis·bak]

92. Casa de banho

banheiro (m)	badkamer	[bad·kamər]
água (f)	water	[vatər]
torneira (f)	kraan	[krān]
água (f) quente	warme water	[varmə vatər]
água (f) fria	koue water	[kæuə vatər]

pasta (f) de dente	tandepasta	[tandə·pasta]
escovar os dentes	tande borsel	[tandə borsəl]
escova (f) de dente	tandeborsel	[tandə·borsəl]

barbear-se (vr)	skeer	[skeər]
espuma (f) de barbear	skeerroom	[skeər·roəm]
gilete (f)	skeermes	[skeər·mes]

lavar (vt)	was	[vas]
tomar banho	bad	[bat]
chuveiro (m), ducha (f)	stort	[stort]
tomar uma ducha	stort	[stort]

banheira (f)	bad	[bat]
vaso (m) sanitário	toilet	[tojlet]
pia (f)	wasbak	[vas·bak]

| sabonete (m) | seep | [seəp] |
| saboneteira (f) | seepbakkie | [seəp·bakki] |

esponja (f)	spons	[spɔŋs]
xampu (m)	sjampoe	[ʃampu]
toalha (f)	handdoek	[handduk]
roupão (m) de banho	badjas	[batjas]

lavagem (f)	was	[vas]
lavadora (f) de roupas	wasmasjien	[vas·maʃin]
lavar a roupa	die wasgoed was	[di vasχut vas]
detergente (m)	waspoeier	[vas·pujer]

93. Eletrodomésticos

televisor (m)	TV-stel	[te·fe-stəl]
gravador (m)	bandspeler	[band·spelər]
videogravador (m)	videomasjien	[video·maʃin]
rádio (m)	radio	[radio]
leitor (m)	speler	[spelər]

projetor (m)	videoprojektor	[video·projektor]
cinema (m) em casa	tuisfliekteater	[tœis·flik·teatər]
DVD Player (m)	DVD-speler	[de·fe-de-spelər]
amplificador (m)	versterker	[fersterkər]
console (f) de jogos	videokonsole	[video·kɔŋsolə]

câmera (f) de vídeo	videokamera	[video·kamera]
máquina (f) fotográfica	kamera	[kamera]
câmera (f) digital	digitale kamera	[diχitalə kamera]

aspirador (m)	stofsuier	[stof·sœiər]
ferro (m) de passar	strykyster	[strajk·ajstər]
tábua (f) de passar	strykplank	[strajk·plank]

| telefone (m) | telefoon | [telefoən] |
| celular (m) | selfoon | [sɛlfoən] |

máquina (f) de escrever	tikmasjien	[tik·maʃin]
máquina (f) de costura	naaimasjien	[naj·maʃin]
microfone (m)	mikrofoon	[mikrofoən]
fone (m) de ouvido	koptelefoon	[kop·telefoən]
controle remoto (m)	afstandsbeheer	[afstands·beheər]
CD (m)	CD	[se·de]
fita (f) cassete	kasset	[kasset]
disco (m) de vinil	plaat	[plāt]

94. Reparações. Renovação

renovação (f)	opknapwerk	[opknap·werk]
renovar (vt), fazer obras	opknap	[opknap]
reparar (vt)	herstel	[herstəl]
consertar (vt)	aan kant maak	[ān kant māk]
refazer (vt)	oordoen	[oərdun]
tinta (f)	verf	[ferf]
pintar (vt)	verf	[ferf]
pintor (m)	skilder	[skildər]
pincel (m)	verfborsel	[ferf·borsəl]
cal (f)	witkalk	[vitkalk]
caiar (vt)	wit	[vit]
papel (m) de parede	muurpapier	[mɪr·papir]
colocar papel de parede	behang	[behaŋ]
verniz (m)	vernis	[fernis]
envernizar (vt)	vernis	[fernis]

95. Canalizações

água (f)	water	[vatər]
água (f) quente	warme water	[varmə vatər]
água (f) fria	koue water	[kæʊə vatər]
torneira (f)	kraan	[krān]
gota (f)	druppel	[druppəl]
gotejar (vi)	drup	[drup]
vazar (vt)	lek	[lek]
vazamento (m)	lekkasie	[lɛkkasi]
poça (f)	poeletjie	[puləki]
tubo (m)	pyp	[pajp]
válvula (f)	kraan	[krān]
entupir-se (vr)	verstop raak	[ferstop rāk]
ferramentas (f pl)	gereedskap	[χereədskap]
chave (f) inglesa	skroefsleutel	[skruf·sløətəl]
desenroscar (vt)	losskroef	[losskruf]

enroscar (vt)	vasskroef	[fasskruf]
desentupir (vt)	oopmaak	[oəpmāk]
encanador (m)	loodgieter	[loədχitər]
porão (m)	kelder	[kɛldər]
rede (f) de esgotos	riolering	[rioleriŋ]

96. Fogo. Deflagração

incêndio (m)	brand	[brant]
chama (f)	vlam	[flam]
faísca (f)	vonk	[fonk]
fumaça (f)	rook	[roək]
tocha (f)	fakkel	[fakkel]
fogueira (f)	kampvuur	[kampfɪr]

gasolina (f)	petrol	[petrol]
querosene (m)	kerosien	[kerosin]
inflamável (adj)	ontvambaar	[ontfambār]
explosivo (adj)	ontplofbaar	[ontplofbār]
PROIBIDO FUMAR!	ROOK VERBODE	[roək ferbodə]

segurança (f)	veiligheid	[fæjliχæjt]
perigo (m)	gevaar	[χefār]
perigoso (adj)	gevaarlik	[χefārlik]

incendiar-se (vr)	vlam vat	[flam fat]
explosão (f)	ontploffing	[ontploffiŋ]
incendiar (vt)	aan die brand steek	[ān di brant steək]
incendiário (m)	brandstigter	[brant·stiχtər]
incêndio (m) criminoso	brandstigting	[brant·stiχtiŋ]

flamejar (vi)	brand	[brant]
queimar (vi)	brand	[brant]
queimar tudo (vi)	afbrand	[afbrant]

chamar os bombeiros	die brandweer roep	[di brantveər rup]
bombeiro (m)	brandweerman	[brantveər·man]
caminhão (m) de bombeiros	brandweerwa	[brantveər·wa]
corpo (m) de bombeiros	brandweer	[brantveər]
escada (f) extensível	brandweerwaleer	[brantveər·wa·leər]

mangueira (f)	brandslang	[brant·slaŋ]
extintor (m)	brandblusser	[brant·blussər]
capacete (m)	helmet	[hɛlmet]
sirene (f)	sirene	[sirenə]

gritar (vi)	skreeu	[skriʋ]
chamar por socorro	hulp roep	[hulp rup]
socorrista (m)	redder	[rɛddər]
salvar, resgatar (vt)	red	[ret]

chegar (vi)	aankom	[ānkom]
apagar (vt)	blus	[blus]
água (f)	water	[vatər]

areia (f)	**sand**	[sant]
ruínas (f pl)	**ruïnes**	[ruïnes]
ruir (vi)	**instort**	[instort]
desmoronar (vi)	**val**	[fal]
desabar (vi)	**instort**	[instort]
fragmento (m)	**brokstukke**	[brokstukkə]
cinza (f)	**as**	[as]
sufocar (vi)	**verstik**	[ferstik]
perecer (vi)	**omkom**	[omkom]

ATIVIDADES HUMANAS

Emprego. Negócios. Parte 1

97. Banca

banco (m)	bank	[bank]
balcão (f)	tak	[tak]
consultor (m) bancário	bankklerk	[bank·klerk]
gerente (m)	bestuurder	[bestɪrdər]
conta (f)	bankrekening	[bank·rekəniŋ]
número (m) da conta	rekeningnommer	[rekəniŋ·nommər]
conta (f) corrente	tjekrekening	[ʧek·rekəniŋ]
conta (f) poupança	spaarrekening	[spār·rekəniŋ]
fechar uma conta	die rekening sluit	[di rekəniŋ slœit]
sacar (vt)	trek	[trek]
depósito (m)	deposito	[deposito]
transferência (f) bancária	telegrafiese oorplasing	[teleχrafisə oərplasiŋ]
transferir (vt)	oorplaas	[oərplās]
soma (f)	som	[som]
Quanto?	Hoeveel?	[hufeəl?]
assinatura (f)	handtekening	[hand·tekəniŋ]
assinar (vt)	onderteken	[ondərtekən]
cartão (m) de crédito	kredietkaart	[kredit·kārt]
senha (f)	kode	[kodə]
número (m) do cartão de crédito	kredietkaartnommer	[kredit·kārt·nommər]
caixa (m) eletrônico	OTM	[o·te·em]
cheque (m)	tjek	[ʧek]
talão (m) de cheques	tjekboek	[ʧek·buk]
empréstimo (m)	lening	[leniŋ]
garantia (f)	waarborg	[vārborχ]

98. Telefone. Conversação telefônica

telefone (m)	telefoon	[telefoən]
celular (m)	selfoon	[sɛlfoən]
secretária (f) eletrônica	antwoordmasjien	[antwoərt·maʃin]

| fazer uma chamada | bel | [bəl] |
| chamada (f) | oproep | [oprup] |

Alô!	Hallo!	[hallo!]
perguntar (vt)	vra	[fra]
responder (vt)	antwoord	[antwoərt]

ouvir (vt)	hoor	[hoər]
bem	goed	[χut]
mal	nie goed nie	[ni χut ni]
ruído (m)	steurings	[støəriŋs]

fone (m)	gehoorstuk	[χehoərstuk]
pegar o telefone	optel	[optəl]
desligar (vi)	afskakel	[afskakəl]

ocupado (adj)	besig	[besəχ]
tocar (vi)	lui	[lœi]
lista (f) telefônica	telefoongids	[telefoən·χids]

local (adj)	lokale	[lokalə]
chamada (f) local	lokale oproep	[lokalə oprup]
de longa distância	langafstand	[lanχ·afstant]
chamada (f) de longa distância	langafstand oproep	[lanχ·afstant oprup]
internacional (adj)	internasionale	[internaʃionalə]
chamada (f) internacional	internasionale oproep	[internaʃionalə oprup]

99. Telefone móvel

| celular (m) | selfoon | [sɛlfoən] |
| tela (f) | skerm | [skerm] |

| botão (m) | knoppie | [knoppi] |
| cartão SIM (m) | SIMkaart | [sim·kārt] |

bateria (f)	battery	[battəraj]
descarregar-se (vr)	pap wees	[pap vees]
carregador (m)	batterylaaier	[battəraj·lajer]

| menu (m) | spyskaart | [spajs·kārt] |
| configurações (f pl) | instellings | [instɛlliŋs] |

| melodia (f) | wysie | [vajsi] |
| escolher (vt) | kies | [kis] |

| calculadora (f) | sakrekenaar | [sakrekənār] |
| correio (m) de voz | stempos | [stem·pos] |

| despertador (m) | wekker | [vɛkkər] |
| contatos (m pl) | kontakte | [kontaktə] |

| mensagem (f) de texto | SMS | [es·em·es] |
| assinante (m) | intekenaar | [intekənār] |

100. Estacionário

| caneta (f) | bolpen | [bol·pen] |
| caneta (f) tinteiro | vulpen | [ful·pen] |

lápis (m)	potlood	[potloət]
marcador (m) de texto	merkpen	[merk·pen]
caneta (f) hidrográfica	viltpen	[filt·pen]

| bloco (m) de notas | notaboekie | [nota·buki] |
| agenda (f) | dagboek | [daχ·buk] |

régua (f)	liniaal	[liniãl]
calculadora (f)	sakrekenaar	[sakrekənār]
borracha (f)	uitveër	[œitfeɛr]
alfinete (m)	duimspyker	[dœim·spajkər]
clipe (m)	skuifspeld	[skœif·spɛlt]

cola (f)	gom	[χom]
grampeador (m)	krammasjien	[kram·maʃin]
furador (m) de papel	ponsmasjien	[pɔŋs·maʃin]
apontador (m)	skerpmaker	[skerp·makər]

Emprego. Negócios. Parte 2

101. Media

jornal (m)	koerant	[kurant]
revista (f)	tydskrif	[tajdskrif]
imprensa (f)	pers	[pers]
rádio (m)	radio	[radio]
estação (f) de rádio	omroep	[omrup]
televisão (f)	televisie	[telefisi]
apresentador (m)	aanbieder	[ānbidər]
locutor (m)	nuusleser	[nɪslesər]
comentarista (m)	kommentator	[kommentator]
jornalista (m)	joernalis	[jurnalis]
correspondente (m)	korrespondent	[korrespondɛnt]
repórter (m) fotográfico	persfotograaf	[pers·fotoχrāf]
repórter (m)	verslaggewer	[ferslaχ·χevər]
redator (m)	redakteur	[redaktøər]
redator-chefe (m)	hoofredakteur	[hoəf·redaktøər]
assinar a ...	inteken op ...	[intekən op ...]
assinatura (f)	intekening	[intekəniŋ]
assinante (m)	intekenaar	[intekənār]
ler (vt)	lees	[leəs]
leitor (m)	leser	[lesər]
tiragem (f)	oplaag	[oplāχ]
mensal (adj)	maandeliks	[mādndəliks]
semanal (adj)	weekliks	[veəkliks]
número (jornal, revista)	nommer	[nommər]
recente, novo (adj)	nuwe	[nuvə]
manchete (f)	opskrif	[opskrif]
pequeno artigo (m)	kort artikel	[kort artikəl]
coluna (~ semanal)	kolom	[kolom]
artigo (m)	artikel	[artikəl]
página (f)	bladsy	[bladsaj]
reportagem (f)	veslag	[feslaχ]
evento (festa, etc.)	gebeurtenis	[χebøərtenis]
sensação (f)	sensasie	[sɛŋsasi]
escândalo (m)	skandaal	[skandāl]
escandaloso (adj)	skandelik	[skandəlik]
grande (adj)	groot	[χroət]
programa (m)	program	[proχram]
entrevista (f)	onderhoud	[ondərhæʊt]

| transmissão (f) ao vivo | regstreekse uitsending | [reχstreəksə œitsendiŋ] |
| canal (m) | kanaal | [kanãl] |

102. Agricultura

agricultura (f)	landbou	[landbæʊ]
camponês (m)	boer	[bur]
camponesa (f)	boervrou	[bur·fræʊ]
agricultor, fazendeiro (m)	boer	[bur]

| trator (m) | trekker | [trɛkkər] |
| colheitadeira (f) | stroper | [stropər] |

arado (m)	ploeg	[pluχ]
arar (vt)	ploeg	[pluχ]
campo (m) lavrado	ploegland	[pluχlant]
sulco (m)	voor	[foər]

semear (vt)	saai	[sãi]
plantadeira (f)	saaier	[sãjer]
semeadura (f)	saai	[sãi]

| foice (m) | sens | [sɛŋs] |
| cortar com foice | maai | [mãi] |

| pá (f) | graaf | [χrãf] |
| cavar (vt) | omspit | [omspit] |

enxada (f)	skoffel	[skoffəl]
capinar (vt)	skoffel	[skoffəl]
erva (f) daninha	onkruid	[onkrœit]

regador (m)	gieter	[χitər]
regar (plantas)	nat gooi	[nat χoj]
rega (f)	nat gooi	[nat χoj]

| forquilha (f) | gaffel | [χaffəl] |
| ancinho (m) | hark | [hark] |

fertilizante (m)	misstof	[misstof]
fertilizar (vt)	bemes	[bemes]
estrume, esterco (m)	misstof	[misstof]

campo (m)	veld	[fɛlt]
prado (m)	weiland	[væjlant]
horta (f)	groentetuin	[χruntə·tœin]
pomar (m)	boord	[boərt]

pastar (vt)	wei	[væj]
pastor (m)	herder	[herdər]
pastagem (f)	weiland	[væjlant]

| pecuária (f) | veeboerdery | [feə·burderaj] |
| criação (f) de ovelhas | skaapboerdery | [skãp·burderaj] |

plantação (f)	aanplanting	[ānplantiŋ]
canteiro (m)	bedding	[beddiŋ]
estufa (f)	broeikas	[bruikas]

| seca (f) | droogte | [droəχtə] |
| seco (verão ~) | droog | [droəχ] |

grão (m)	graan	[χrān]
cereais (m pl)	graangewasse	[χrān·χəwassə]
colher (vt)	oes	[us]

moleiro (m)	meulenaar	[møəlenār]
moinho (m)	meul	[møəl]
moer (vt)	maal	[māl]
farinha (f)	meelblom	[meəl·blom]
palha (f)	strooi	[stroj]

103. Construção. Processo de construção

canteiro (m) de obras	bouperseel	[bæʊ·perseəl]
construir (vt)	bou	[bæʊ]
construtor (m)	bouwerker	[bæʊ·verkər]

projeto (m)	projek	[projek]
arquiteto (m)	argitek	[arχitek]
operário (m)	werker	[verkər]

fundação (f)	fondament	[fondament]
telhado (m)	dak	[dak]
estaca (f)	heipaal	[hæjpāl]
parede (f)	muur	[mɪr]

| colunas (f pl) de sustentação | betonstaal | [betoŋ·stāl] |
| andaime (m) | steiers | [stæjers] |

concreto (m)	beton	[beton]
granito (m)	graniet	[χranit]
pedra (f)	klip	[klip]
tijolo (m)	baksteen	[baksteən]

areia (f)	sand	[sant]
cimento (m)	sement	[sement]
emboço, reboco (m)	pleister	[plæjstər]
emboçar, rebocar (vt)	pleister	[plæjstər]

tinta (f)	verf	[ferf]
pintar (vt)	verf	[ferf]
barril (m)	drom	[drom]

grua (f), guindaste (m)	kraan	[krān]
erguer (vt)	optel	[optəl]
baixar (vt)	laat sak	[lāt sak]
buldózer (m)	stootskraper	[stoet·skraper]
escavadora (f)	graafmasjien	[χrāf·maʃin]

caçamba (f)	**bak**	[bak]
escavar (vt)	**grawe**	[χravə]
capacete (m) de proteção	**helmet**	[hɛlmet]

Profissões e ocupações

104. Procura de emprego. Demissão

trabalho (m)	baantjie	[bānki]
equipe (f)	personeel	[personeəl]
pessoal (m)	personeel	[personeəl]
carreira (f)	loopbaan	[loəpbān]
perspectivas (f pl)	vooruitsigte	[foərœit·siχtə]
habilidades (f pl)	meesterskap	[meəsterskap]
seleção (f)	seleksie	[seleksi]
agência (f) de emprego	arbeidsburo	[arbæjds·buro]
currículo (m)	curriculum vitae	[kurrikulum fitaə]
entrevista (f) de emprego	werksonderhoud	[werk·ondərhæut]
vaga (f)	vakature	[fakaturə]
salário (m)	salaris	[salaris]
salário (m) fixo	vaste salaris	[fastə salaris]
pagamento (m)	loon	[loən]
cargo (m)	posisie	[posisi]
dever (do empregado)	taak	[tāk]
gama (f) de deveres	reeks opdragte	[reəks opdraχtə]
ocupado (adj)	besig	[besəχ]
despedir, demitir (vt)	afdank	[afdank]
demissão (f)	afdanking	[afdankiŋ]
desemprego (m)	werkloosheid	[verkloəshæjt]
desempregado (m)	werkloos	[verkloəs]
aposentadoria (f)	pensioen	[pɛnsiun]
aposentar-se (vr)	met pensioen gaan	[met pɛnsiun χān]

105. Gente de negócios

diretor (m)	direkteur	[direktøər]
gerente (m)	bestuurder	[bestɪrdər]
patrão, chefe (m)	baas	[bās]
superior (m)	hoof	[hoəf]
superiores (m pl)	hoofde	[hoəfdə]
presidente (m)	direkteur	[direktøər]
chairman (m)	voorsitter	[foərsittər]
substituto (m)	adjunk	[adjunk]
assistente (m)	assistent	[assistent]

secretário (m)	sekretaris	[sekretaris]
secretário (m) pessoal	persoonlike assistent	[persoənlikə assistent]
homem (m) de negócios	sakeman	[sakəman]
empreendedor (m)	entrepreneur	[ɛntrəprenøər]
fundador (m)	stigter	[stiχtər]
fundar (vt)	stig	[stiχ]
principiador (m)	stigter	[stiχtər]
parceiro, sócio (m)	vennoot	[fɛnnoət]
acionista (m)	aandeelhouer	[āndeəl·hæʋər]
milionário (m)	miljoenêr	[miljunær]
bilionário (m)	miljardêr	[miljardær]
proprietário (m)	eienaar	[æjenār]
proprietário (m) de terras	grondeienaar	[χront·æjenār]
cliente (m)	kliënt	[kliɛnt]
cliente (m) habitual	vaste kliënt	[fastə kliɛnt]
comprador (m)	koper	[kopər]
visitante (m)	besoeker	[besukər]
profissional (m)	professioneel	[profɛssioneəl]
perito (m)	kenner	[kɛnnər]
especialista (m)	spesialis	[spesialis]
banqueiro (m)	bankier	[bankir]
corretor (m)	makelaar	[makəlār]
caixa (m, f)	kassier	[kassir]
contador (m)	boekhouer	[bukhæʋər]
guarda (m)	veiligheidswag	[fæjliχæjts·waχ]
investidor (m)	belegger	[beleχər]
devedor (m)	skuldenaar	[skuldenār]
credor (m)	krediteur	[kreditøər]
mutuário (m)	lener	[lenər]
importador (m)	invoerder	[infurdər]
exportador (m)	uitvoerder	[œitfurdər]
produtor (m)	produsent	[produsent]
distribuidor (m)	verdeler	[ferdelər]
intermediário (m)	tussenpersoon	[tussən·persoən]
consultor (m)	raadgewer	[rāt·χevər]
representante comercial	verkoopsagent	[ferkoəps·aχent]
agente (m)	agent	[aχent]
agente (m) de seguros	versekeringsagent	[fersəkeriŋs·aχent]

106. Profissões de serviços

cozinheiro (m)	kok	[kok]
chefe (m) de cozinha	sjef	[ʃef]

padeiro (m)	bakker	[bakkər]
barman (m)	kroegman	[kruχman]
garçom (m)	kelner	[kɛlnər]
garçonete (f)	kelnerin	[kɛlnərin]

advogado (m)	advokaat	[adfokāt]
jurista (m)	prokureur	[prokurøer]
notário (m)	notaris	[notaris]

eletricista (m)	elektrisiën	[ɛlektrisiɛn]
encanador (m)	loodgieter	[loədχitər]
carpinteiro (m)	timmerman	[timmerman]

massagista (m)	masseerder	[masseərdər]
massagista (f)	masseerster	[masseərstər]
médico (m)	dokter	[doktər]

taxista (m)	taxibestuurder	[taksi·bestırdər]
condutor (automobilista)	bestuurder	[bestırdər]
entregador (m)	koerier	[kurir]

camareira (f)	kamermeisie	[kamər·mæjsi]
guarda (m)	veiligheidswag	[fæjliχæjts·waχ]
aeromoça (f)	lugwaardin	[luχ·wārdin]

professor (m)	onderwyser	[ondərwajsər]
bibliotecário (m)	bibliotekaris	[bibliotekaris]
tradutor (m)	vertaler	[fertalər]
intérprete (m)	tolk	[tolk]
guia (m)	gids	[χids]

cabeleireiro (m)	haarkapper	[hār·kappər]
carteiro (m)	posbode	[pos·bodə]
vendedor (m)	verkoper	[ferkopər]

jardineiro (m)	tuinman	[tœin·man]
criado (m)	bediende	[bedində]
criada (f)	bediende	[bedində]
empregada (f) de limpeza	skoonmaakster	[skoən·mākstər]

107. Profissões militares e postos

soldado (m) raso	soldaat	[soldāt]
sargento (m)	sersant	[sersant]
tenente (m)	luitenant	[lœitənant]
capitão (m)	kaptein	[kaptæjn]

major (m)	majoor	[majoər]
coronel (m)	kolonel	[kolonəl]
general (m)	generaal	[χenerāl]
marechal (m)	maarskalk	[mārskalk]
almirante (m)	admiraal	[admirāl]
militar (m)	leër	[leɛr]
soldado (m)	soldaat	[soldāt]

| oficial (m) | offisier | [offisir] |
| comandante (m) | kommandant | [kommandant] |

guarda (m) de fronteira	grenswag	[χrɛŋs·waχ]
operador (m) de rádio	radio-operateur	[radio-operatøər]
explorador (m)	verkenner	[ferkɛnnər]
sapador-mineiro (m)	sappeur	[sappøər]
atirador (m)	skutter	[skuttər]
navegador (m)	navigator	[nafiχator]

108. Oficiais. Padres

| rei (m) | koning | [koniŋ] |
| rainha (f) | koningin | [koniŋin] |

| príncipe (m) | prins | [prins] |
| princesa (f) | prinses | [prinsəs] |

| czar (m) | tsaar | [tsār] |
| czarina (f) | tsarina | [tsarina] |

presidente (m)	president	[president]
ministro (m)	minister	[ministər]
primeiro-ministro (m)	eerste minister	[eərstə ministər]
senador (m)	senator	[senator]

diplomata (m)	diplomaat	[diplomāt]
cônsul (m)	konsul	[kɔŋsul]
embaixador (m)	ambassadeur	[ambassadøər]
conselheiro (m)	adviseur	[adfisøər]

funcionário (m)	amptenaar	[amptənar]
prefeito (m)	prefek	[prefek]
Presidente (m) da Câmara	burgermeester	[burgər·meəstər]

| juiz (m) | regter | [reχtər] |
| procurador (m) | aanklaer | [ānklaər] |

missionário (m)	sendeling	[sendəliŋ]
monge (m)	monnik	[monnik]
abade (m)	ab	[ap]
rabino (m)	rabbi	[rabbi]

vizir (m)	visier	[fisir]
xá (m)	sjah	[ʃah]
xeique (m)	sjeik	[ʃæjk]

109. Profissões agrícolas

abelheiro (m)	byeboer	[bajebur]
pastor (m)	herder	[herdər]
agrônomo (m)	landboukundige	[landbæʊ·kundiχə]

| criador (m) de gado | veeteler | [feə·telər] |
| veterinário (m) | veearts | [feə·arts] |

agricultor, fazendeiro (m)	boer	[bur]
vinicultor (m)	wynmaker	[vajn·makər]
zoólogo (m)	dierkundige	[dir·kundiχə]
vaqueiro (m)	cowboy	[kovboj]

110. Profissões artísticas

| ator (m) | akteur | [aktøər] |
| atriz (f) | aktrise | [aktrisə] |

| cantor (m) | sanger | [saŋər] |
| cantora (f) | sangeres | [saŋəres] |

| bailarino (m) | danser | [daŋsər] |
| bailarina (f) | danseres | [daŋsəres] |

| artista (m) | verhoogkunstenaar | [ferhoəχ·kunstənãr] |
| artista (f) | verhoogkunstenares | [ferhoəχ·kunstənares] |

músico (m)	musikant	[musikant]
pianista (m)	pianis	[pianis]
guitarrista (m)	kitaarspeler	[kitãr·spelər]

maestro (m)	dirigent	[diriχent]
compositor (m)	komponis	[komponis]
empresário (m)	impresario	[impresario]

diretor (m) de cinema	filmregisseur	[film·reχissøər]
produtor (m)	produsent	[produsent]
roteirista (m)	draaiboekskrywer	[drãjbuk·skrajvər]
crítico (m)	kritikus	[kritikus]

escritor (m)	skrywer	[skrajvər]
poeta (m)	digter	[diχtər]
escultor (m)	beeldhouer	[beəldhæʋər]
pintor (m)	kunstenaar	[kunstenãr]

malabarista (m)	jongleur	[jonχløər]
palhaço (m)	hanswors	[haŋswors]
acrobata (m)	akrobaat	[akrobãt]
ilusionista (m)	goëlaar	[χoɛlãr]

111. Várias profissões

médico (m)	dokter	[doktər]
enfermeira (f)	verpleegster	[ferpleəχ·stər]
psiquiatra (m)	psigiater	[psiχiatər]
dentista (m)	tandarts	[tand·arts]
cirurgião (m)	chirurg	[ʃirurχ]

astronauta (m)	astronout	[astronæʊt]
astrônomo (m)	astronoom	[astronoəm]
piloto (m)	piloot	[piloət]

motorista (m)	bestuurder	[bestɪrdər]
maquinista (m)	treindrywer	[træjn·drajvər]
mecânico (m)	werktuigkundige	[verktœiχ·kundiχə]

mineiro (m)	mynwerker	[majn·werkər]
operário (m)	werker	[verkər]
serralheiro (m)	slotmaker	[slot·makər]
marceneiro (m)	skrynwerker	[skrajn·werkər]
torneiro (m)	draaibankwerker	[drājbank·werkər]
construtor (m)	bouwerker	[bæʊ·verkər]
soldador (m)	sweiser	[swæjsər]

professor (m)	professor	[profɛssor]
arquiteto (m)	argitek	[arχitek]
historiador (m)	historikus	[historikus]
cientista (m)	wetenskaplike	[vetɛŋskaplikə]
físico (m)	fisikus	[fisikus]
químico (m)	skeikundige	[skæjkundiχə]

arqueólogo (m)	argeoloog	[arχeoloəχ]
geólogo (m)	geoloog	[χeoloəχ]
pesquisador (cientista)	navorser	[naforsər]

| babysitter, babá (f) | babasitter | [babasittər] |
| professor (m) | onderwyser | [ondərwajsər] |

redator (m)	redakteur	[redaktøər]
redator-chefe (m)	hoofredakteur	[hoəf·redaktøər]
correspondente (m)	korrespondent	[korrespondɛnt]
datilógrafa (f)	tikster	[tikstər]

designer (m)	ontwerper	[ontwerpər]
especialista (m) em informática	rekenaarkenner	[rekənār·kɛnnər]
programador (m)	programmeur	[proχrammøər]
engenheiro (m)	ingenieur	[inχeniøər]

marujo (m)	matroos	[matroəs]
marinheiro (m)	seeman	[seəman]
socorrista (m)	redder	[rɛddər]

bombeiro (m)	brandweerman	[brantveər·man]
polícia (m)	polisieman	[polisi·man]
guarda-noturno (m)	bewaker	[bevakər]
detetive (m)	speurder	[spøərdər]

funcionário (m) da alfândega	doeanebeampte	[duanə·beamptə]
guarda-costas (m)	lyfwag	[lajf·waχ]
guarda (m) prisional	tronkbewaarder	[tronk·bevārdər]
inspetor (m)	inspekteur	[inspektøər]
esportista (m)	sportman	[sportman]
treinador (m)	breier	[bræjer]

açougueiro (m)	slagter	[slaχtər]
sapateiro (m)	skoenmaker	[skun·makər]
comerciante (m)	handelaar	[handəlār]
carregador (m)	laaier	[lājer]
estilista (m)	modeontwerper	[modə·ontwerpər]
modelo (f)	model	[modəl]

112. Ocupações. Estatuto social

estudante (~ de escola)	skoolseun	[skoəl·søən]
estudante (~ universitária)	student	[student]
filósofo (m)	filosoof	[filosoəf]
economista (m)	ekonoom	[ɛkonoəm]
inventor (m)	uitvinder	[œitfindər]
desempregado (m)	werkloos	[verkloəs]
aposentado (m)	pensioentrekker	[pɛnsiun·trɛkkər]
espião (m)	spioen	[spiun]
preso, prisioneiro (m)	gevangene	[χefaŋənə]
grevista (m)	staker	[stakər]
burocrata (m)	burokraat	[burokrāt]
viajante (m)	reisiger	[ræjsiχər]
homossexual (m)	gay	[χaaj]
hacker (m)	kuberkraker	[kubər·krakər]
hippie (m, f)	hippie	[hippi]
bandido (m)	bandiet	[bandit]
assassino (m)	huurmoordenaar	[hɪr·moərdenār]
drogado (m)	dwelmslaaf	[dwɛlm·slāf]
traficante (m)	dwelmhandelaar	[dwɛlm·handəlār]
prostituta (f)	prostituut	[prostitɪt]
cafetão (m)	pooier	[pojer]
bruxo (m)	towenaar	[tovenār]
bruxa (f)	heks	[heks]
pirata (m)	piraat, seerower	[pirāt], [seə·rovər]
escravo (m)	slaaf	[slāf]
samurai (m)	samoerai	[samuraj]
selvagem (m)	wilde	[vildə]

Desportos

113. Tipos de desportos. Desportistas

esportista (m)	sportman	[sportman]
tipo (m) de esporte	sportsoorte	[sport·soərtə]
basquete (m)	basketbal	[basketbal]
jogador (m) de basquete	basketbalspeler	[basketbal·spelər]
beisebol (m)	bofbal	[bofbal]
jogador (m) de beisebol	bofbalspeler	[bofbal·spelər]
futebol (m)	sokker	[sokkər]
jogador (m) de futebol	sokkerspeler	[sokkər·spelər]
goleiro (m)	doelwagter	[dul·waχtər]
hóquei (m)	hokkie	[hokki]
jogador (m) de hóquei	hokkiespeler	[hokki·spelər]
vôlei (m)	vlugbal	[fluχbal]
jogador (m) de vôlei	vlugbalspeler	[fluχbal·spelər]
boxe (m)	boks	[boks]
boxeador (m)	bokser	[boksər]
luta (f)	stoei	[stui]
lutador (m)	stoeier	[stujer]
caratê (m)	karate	[karatə]
carateca (m)	karatevegter	[karatə·feχtər]
judô (m)	judo	[judo]
judoca (m)	judoka	[judoka]
tênis (m)	tennis	[tɛnnis]
tenista (m)	tennisspeler	[tɛnnis·spelər]
natação (f)	swem	[swem]
nadador (m)	swemmer	[swemmər]
esgrima (f)	skerm	[skerm]
esgrimista (m)	skermer	[skermər]
xadrez (m)	skaak	[skāk]
jogador (m) de xadrez	skaakspeler	[skāk·spelər]
alpinismo (m)	alpinisme	[alpinismə]
alpinista (m)	alpinis	[alpinis]
corrida (f)	hardloop	[hardloəp]

corredor (m)	hardloper	[hardlopər]
atletismo (m)	atletiek	[atletik]
atleta (m)	atleet	[atleət]
hipismo (m)	perdry	[perdraj]
cavaleiro (m)	ruiter	[rœitər]
patinação (f) artística	kunsskaats	[kuns·skãts]
patinador (m)	kunsskaatser	[kuns·skãtsər]
patinadora (f)	kunsskaatser	[kuns·skãtsər]
halterofílismo (m)	gewigoptel	[χeviχ·optəl]
halterofilista (m)	gewigopteller	[χeviχ·optɛllər]
corrida (f) de carros	motorwedren	[motor·wedrən]
piloto (m)	renjaer	[renjaər]
ciclismo (m)	fiets	[fits]
ciclista (m)	fietser	[fitsər]
salto (m) em distância	verspring	[fer·spriŋ]
salto (m) com vara	polsstokspring	[polsstok·spriŋ]
atleta (m) de saltos	springer	[spriŋər]

114. Tipos de desportos. Diversos

futebol (m) americano	sokker	[sokkər]
badminton (m)	pluimbal	[plœimbal]
biatlo (m)	tweekamp	[tweəkamp]
bilhar (m)	biljart	[biljart]
bobsled (m)	bobslee	[bobsleə]
musculação (f)	liggaamsbou	[liχχãmsbæʋ]
polo (m) aquático	waterpolo	[vatər·polo]
handebol (m)	handbal	[handbal]
golfe (m)	gholf	[golf]
remo (m)	roei	[rui]
mergulho (m)	duik	[dœik]
corrida (f) de esqui	veldski	[fɛlt·ski]
tênis (m) de mesa	tafeltennis	[tafel·tɛnnis]
vela (f)	seil	[sæjl]
rali (m)	tydren jaag	[tajdren jãχ]
rúgbi (m)	rugby	[ragbi]
snowboard (m)	sneeuplankry	[sniʋ·plankraj]
arco-e-flecha (m)	boogskiet	[boeχ·skit]

115. Ginásio

barra (f)	staafgewig	[stãf·χevəχ]
halteres (m pl)	handgewigte	[hand·χeviχtə]

aparelho (m) de musculação	oefenmasjien	[ufen·maʃin]
bicicleta (f) ergométrica	oefenfiets	[ufen·fits]
esteira (f) de corrida	trapmeul	[trapmøəl]
barra (f) fixa	rekstok	[rekstok]
barras (f pl) paralelas	brug	[bruχ]
cavalo (m)	springperd	[spriŋ·pert]
tapete (m) de ginástica	oefenmat	[ufen·mat]
corda (f) de saltar	springtou	[spriŋ·tæʊ]
aeróbica (f)	aërobiese oefeninge	[aɛrobisə ufeniŋə]
ioga, yoga (f)	joga	[joga]

116. Desportos. Diversos

Jogos (m pl) Olímpicos	Olimpiese Spele	[olimpisə spelə]
vencedor (m)	oorwinnaar	[oərwinnãr]
vencer (vi)	wen	[ven]
vencer (vi, vt)	wen	[ven]
líder (m)	leier	[læjer]
liderar (vt)	lei	[læj]
primeiro lugar (m)	eerste plek	[eərstə plek]
segundo lugar (m)	tweede plek	[tweedə plek]
terceiro lugar (m)	derde plek	[derdə plek]
medalha (f)	medalje	[medalje]
troféu (m)	trofee	[trofeə]
taça (f)	beker	[bekər]
prêmio (m)	prys	[prajs]
prêmio (m) principal	hoofprys	[hoəf·prajs]
recorde (m)	rekord	[rekort]
final (m)	finale	[finalə]
final (adj)	finale	[finalə]
campeão (m)	kampioen	[kampiun]
campeonato (m)	kampioenskap	[kampiunskap]
estádio (m)	stadion	[stadion]
arquibancadas (f pl)	tribune	[tribunə]
fã, torcedor (m)	ondersteuner	[ondərstøənər]
adversário (m)	teëstander	[teɛstandər]
partida (f)	wegspringplek	[veχspriŋ·plek]
linha (f) de chegada	eindstreep	[æjnd·streəp]
derrota (f)	nederlaag	[nedərlãχ]
perder (vt)	verloor	[ferloər]
árbitro, juiz (m)	skeidsregter	[skæjds·reχtər]
júri (m)	beoordelaars	[be·oərdelãrs]
resultado (m)	stand	[stant]

empate (m)	gelykspel	[χelajkspəl]
empatar (vi)	gelykop speel	[χelajkop speəl]
ponto (m)	punt	[punt]
resultado (m) final	puntestand	[puntəstant]

tempo (m)	periode	[periodə]
intervalo (m)	rustyd	[rustajt]

doping (m)	opkikkers	[opkikkərs]
penalizar (vt)	straf	[straf]
desqualificar (vt)	diskwalifiseer	[diskwalifiseər]

aparelho, aparato (m)	apparaat	[apparãt]
dardo (m)	spies	[spis]
peso (m)	koeël	[kuɛl]
bola (f)	bal	[bal]

alvo, objetivo (m)	doelwit	[dulwit]
alvo (~ de papel)	teiken	[tæjkən]
disparar, atirar (vi)	skiet	[skit]
preciso (tiro ~)	akkuraat	[akkurãt]

treinador (m)	breier	[bræjer]
treinar (vt)	afrig	[afrəχ]
treinar-se (vr)	oefen	[ufen]
treino (m)	oefen	[ufen]

academia (f) de ginástica	gimnastieksaal	[χimnastik·sãl]
exercício (m)	oefening	[ufeniŋ]
aquecimento (m)	opwarm	[opwarm]

Educação

117. Escola

| escola (f) | skool | [skoəl] |
| diretor (m) de escola | prinsipaal | [prinsipāl] |

aluno (m)	leerder	[leərdər]
aluna (f)	leerder	[leərdər]
estudante (m)	skoolseun	[skoəl·søən]
estudante (f)	skooldogter	[skoəl·doχtər]

ensinar (vt)	leer	[leər]
aprender (vt)	leer	[leər]
decorar (vt)	van buite leer	[fan bœitə leər]

estudar (vi)	leer	[leər]
estar na escola	op skool wees	[op skoəl veəs]
ir à escola	skooltoe gaan	[skoəltu χān]

| alfabeto (m) | alfabet | [alfabet] |
| disciplina (f) | vak | [fak] |

sala (f) de aula	klaskamer	[klas·kamər]
lição, aula (f)	les	[les]
recreio (m)	pouse	[pæʊsə]

toque (m)	skoolbel	[skoəl·bəl]
classe (f)	skoolbank	[skoəl·bank]
quadro (m) negro	bord	[bort]

nota (f)	simbool	[simboəl]
boa nota (f)	goeie punt	[χuje punt]
nota (f) baixa	slegte punt	[sleχtə punt]

erro (m)	fout	[fæʊt]
errar (vi)	foute maak	[fæʊtə māk]
corrigir (~ um erro)	korrigeer	[korriχeər]
cola (f)	afskryfbriefie	[afskrajf·brifi]

| dever (m) de casa | huiswerk | [hœis·werk] |
| exercício (m) | oefening | [ufeniŋ] |

estar presente	aanwesig wees	[ānwesəχ veəs]
estar ausente	afwesig wees	[afwesəχ veəs]
faltar às aulas	stokkies draai	[stokkis drāj]

punir (vt)	straf	[straf]
punição (f)	straf	[straf]
comportamento (m)	gedrag	[χedraχ]

boletim (m) escolar	rapport	[rapport]
lápis (m)	potlood	[potloət]
borracha (f)	uitveër	[œitfeɛr]
giz (m)	kryt	[krajt]
porta-lápis (m)	potloodsakkie	[potloət·sakki]
mala, pasta, mochila (f)	boekesak	[bukə·sak]
caneta (f)	pen	[pen]
caderno (m)	skryfboek	[skrajf·buk]
livro (m) didático	handboek	[hand·buk]
compasso (m)	passer	[passər]
traçar (vt)	tegniese tekeninge maak	[teχnisə tekənikə māk]
desenho (m) técnico	tegniese tekening	[teχnisə tekəniŋ]
poesia (f)	gedig	[χedəχ]
de cor	van buite	[fan bœitə]
decorar (vt)	van buite leer	[fan bœitə leər]
férias (f pl)	skoolvakansie	[skoəl·fakaŋsi]
estar de férias	met vakansie wees	[met fakaŋsi veəs]
passar as férias	jou vakansie deurbring	[jæu fakaŋsi døərbriŋ]
teste (m), prova (f)	toets	[tuts]
redação (f)	opstel	[opstəl]
ditado (m)	diktee	[dikteə]
exame (m), prova (f)	eksamen	[ɛksamen]
experiência (~ química)	eksperiment	[ɛksperiment]

118. Colégio. Universidade

academia (f)	akademie	[akademi]
universidade (f)	universiteit	[unifersitæjt]
faculdade (f)	fakulteit	[fakultæjt]
estudante (m)	student	[student]
estudante (f)	student	[student]
professor (m)	lektor	[lektor]
auditório (m)	lesingsaal	[lesiŋ·sāl]
graduado (m)	gegradueerde	[χeχradueərdə]
diploma (m)	sertifikaat	[sertifikāt]
tese (f)	proefskrif	[prufskrif]
estudo (obra)	navorsing	[naforsiŋ]
laboratório (m)	laboratorium	[laboratorium]
palestra (f)	lesing	[lesiŋ]
colega (m) de curso	medestudent	[medə·student]
bolsa (f) de estudos	beurs	[bøərs]
grau (m) acadêmico	akademiese graad	[akademisə χrāt]

119. Ciências. Disciplinas

matemática (f)	wiskunde	[viskundə]
álgebra (f)	algebra	[alχebra]
geometria (f)	meetkunde	[meetkundə]
astronomia (f)	astronomie	[astronomi]
biologia (f)	biologie	[bioloχi]
geografia (f)	geografie	[χeoχrafi]
geologia (f)	geologie	[χeoloχi]
história (f)	geskiedenis	[χeskidenis]
medicina (f)	geneeskunde	[χeneəs·kundə]
pedagogia (f)	pedagogie	[pedaχoχi]
direito (m)	regte	[reχtə]
física (f)	fisika	[fisika]
química (f)	chemie	[χemi]
filosofia (f)	filosofie	[filosofi]
psicologia (f)	sielkunde	[silkundə]

120. Sistema de escrita. Ortografia

gramática (f)	grammatika	[χrammatika]
vocabulário (m)	woordeskat	[voərdeskat]
fonética (f)	fonetika	[fonetika]
substantivo (m)	selfstandige naamwoord	[sɛlfstandiχə nãmwoərt]
adjetivo (m)	byvoeglike naamwoord	[bajfuχlikə nãmvoərt]
verbo (m)	werkwoord	[verk·woərt]
advérbio (m)	bijwoord	[bij·woərt]
pronome (m)	voornaamwoord	[foərnãm·voərt]
interjeição (f)	tussenwerpsel	[tussən·werpsəl]
preposição (f)	voorsetsel	[foərsetsəl]
raiz (f)	stam	[stam]
terminação (f)	agtervoegsel	[aχtər·fuχsəl]
prefixo (m)	voorvoegsel	[foər·fuχsəl]
sílaba (f)	lettergreep	[lɛttər·χreəp]
sufixo (m)	agtervoegsel, suffiks	[aχtər·fuχsəl], [suffiks]
acento (m)	klemteken	[klem·tekən]
apóstrofo (f)	afkappingsteken	[afkappiŋs·tekən]
ponto (m)	punt	[punt]
vírgula (f)	komma	[komma]
ponto e vírgula (m)	kommapunt	[komma·punt]
dois pontos (m pl)	dubbelpunt	[dubbəl·punt]
reticências (f pl)	beletselteken	[beletsəl·tekən]
ponto (m) de interrogação	vraagteken	[frãχ·tekən]
ponto (m) de exclamação	uitroepteken	[œitrup·tekən]

aspas (f pl)	aanhalingstekens	[ānhaliŋs·tekəns]
entre aspas	tussen aanhalingstekens	[tussən ānhaliŋs·tekəns]
parênteses (m pl)	hakies	[hakis]
entre parênteses	tussen hakies	[tussən hakis]

hífen (m)	koppelteken	[koppəl·tekən]
travessão (m)	strepie	[strepi]
espaço (m)	spasie	[spasi]

| letra (f) | letter | [lɛttər] |
| letra (f) maiúscula | hoofletter | [hoəf·lɛttər] |

| vogal (f) | klinker | [klinkər] |
| consoante (f) | konsonant | [kɔŋsonant] |

frase (f)	sin	[sin]
sujeito (m)	onderwerp	[ondərwerp]
predicado (m)	predikaat	[predikāt]

| linha (f) | reël | [reɛl] |
| parágrafo (m) | paragraaf | [paraχrāf] |

palavra (f)	woord	[voərt]
grupo (m) de palavras	woordgroep	[voərt·χrup]
expressão (f)	uitdrukking	[œitdrukkiŋ]
sinônimo (m)	sinoniem	[sinonim]
antônimo (m)	antoniem	[antonim]

regra (f)	reël	[reɛl]
exceção (f)	uitsondering	[œitsondəriŋ]
correto (adj)	korrek	[korrek]

conjugação (f)	vervoeging	[ferfuχiŋ]
declinação (f)	verbuiging	[ferbœeəχiŋ]
caso (m)	naamval	[nāmfal]
pergunta (f)	vraag	[frāχ]
sublinhar (vt)	onderstreep	[ondərstreəp]
linha (f) pontilhada	stippellyn	[stippəl·lajn]

121. Línguas estrangeiras

língua (f)	taal	[tāl]
estrangeiro (adj)	vreemd	[freəmt]
língua (f) estrangeira	vreemde taal	[freəmdə tāl]
estudar (vt)	studeer	[studeər]
aprender (vt)	leer	[leər]

ler (vt)	lees	[leəs]
falar (vi)	praat	[prāt]
entender (vt)	verstaan	[ferstān]
escrever (vt)	skryf	[skrajf]

| rapidamente | vinnig | [finnəχ] |
| devagar, lentamente | stadig | [stadəχ] |

fluentemente	vlot	[flot]
regras (f pl)	reëls	[reɛls]
gramática (f)	grammatika	[ꭓrammatika]
vocabulário (m)	woordeskat	[voərdeskat]
fonética (f)	fonetika	[fonetika]

livro (m) didático	handboek	[hand·buk]
dicionário (m)	woordeboek	[voərdə·buk]
manual (m) autodidático	selfstudie boek	[sɛlfstudi buk]
guia (m) de conversação	taalgids	[tāl·ꭓids]

fita (f) cassete	kasset	[kasset]
videoteipe (m)	videoband	[video·bant]
CD (m)	CD	[se·de]
DVD (m)	DVD	[de·fe·de]

alfabeto (m)	alfabet	[alfabet]
soletrar (vt)	spel	[spel]
pronúncia (f)	uitspraak	[œitsprāk]
sotaque (m)	aksent	[aksent]

| palavra (f) | woord | [voərt] |
| sentido (m) | betekenis | [betekənis] |

curso (m)	kursus	[kursus]
inscrever-se (vr)	inskryf	[inskrajf]
professor (m)	onderwyser	[ondərwajsər]

tradução (processo)	vertaling	[fertaliŋ]
tradução (texto)	vertaling	[fertaliŋ]
tradutor (m)	vertaler	[fertalər]
intérprete (m)	tolk	[tolk]

| poliglota (m) | poliglot | [poliꭓlot] |
| memória (f) | geheue | [ꭓəhøə] |

122. Personagens de contos de fadas

Papai Noel (m)	Kersvader	[kers·fadər]
Cinderela (f)	Assepoester	[assepustər]
sereia (f)	meermin	[meərmin]
Netuno (m)	Neptunus	[neptunus]

bruxo, feiticeiro (m)	towenaar	[tovenār]
fada (f)	feetjie	[feəki]
mágico (adj)	magies	[maꭓis]
varinha (f) mágica	towerstaf	[tovər·staf]

conto (m) de fadas	sprokie	[sproki]
milagre (m)	wonderwerk	[vondərwerk]
anão (m)	dwerg	[dwerꭓ]
transformar-se em ...	verander in ...	[ferandər in ...]
fantasma (m)	spook	[spoək]
fantasma (m)	gees	[ꭓeəs]

monstro (m)	**monster**	[mɔŋstər]
dragão (m)	**draak**	[drãk]
gigante (m)	**reus**	[røəs]

123. Signos do Zodíaco

Áries (f)	**Ram**	[ram]
Touro (m)	**Stier**	[stir]
Gêmeos (m pl)	**Tweelinge**	[tweeliŋə]
Câncer (m)	**Kreef**	[kreəf]
Leão (m)	**Leeu**	[liʊ]
Virgem (f)	**Maagd**	[mãχt]

Libra (f)	**Weegskaal**	[veəχskãl]
Escorpião (m)	**Skerpioen**	[skerpiun]
Sagitário (m)	**Boogskutter**	[boəχskuttər]
Capricórnio (m)	**Steenbok**	[steənbok]
Aquário (m)	**Waterman**	[vatərman]
Peixes (pl)	**Visse**	[fissə]

caráter (m)	**karakter**	[karaktər]
traços (m pl) do caráter	**karaktertrekke**	[karaktər·trɛkkə]
comportamento (m)	**gedrag**	[χedraχ]
prever a sorte	**waarsê**	[vãrsɛ:]
adivinha (f)	**waarsêer**	[vãrsɛər]
horóscopo (m)	**horoskoop**	[horoskoəp]

Artes

124. Teatro

teatro (m)	teater	[teatər]
ópera (f)	opera	[opera]
opereta (f)	operette	[operɛttə]
balé (m)	ballet	[ballet]
cartaz (m)	plakkaat	[plakkãt]
companhia (f) de teatro	teatergeselskap	[teatər·xesɛlskap]
turnê (f)	toer	[tur]
estar em turnê	op toer wees	[op tur veəs]
ensaiar (vt)	repeteer	[repeteər]
ensaio (m)	repetisie	[repetisi]
repertório (m)	repertoire	[repertuarə]
apresentação (f)	voorstelling	[foərstɛlliŋ]
espetáculo (m)	opvoering	[opfuriŋ]
peça (f)	toneelstuk	[toneəl·stuk]
entrada (m)	kaartjie	[kãrki]
bilheteira (f)	loket	[lokət]
hall (m)	voorportaal	[foər·portãl]
vestiário (m)	bewaarkamer	[bevãr·kamər]
senha (f) numerada	bewaarkamerkaartjie	[bevãr·kamər·kãrki]
binóculo (m)	verkyker	[ferkajkər]
lanterninha (m)	plekaanwyser	[plek·ãnwajsər]
plateia (f)	stalles	[stalles]
balcão (m)	balkon	[balkon]
primeiro balcão (m)	eerste balkon	[eərstə balkon]
camarote (m)	losie	[losi]
fila (f)	ry	[raj]
assento (m)	sitplek	[sitplek]
público (m)	gehoor	[xehoər]
espectador (m)	toehoorders	[tuhoərders]
aplaudir (vt)	klap	[klap]
aplauso (m)	applous	[applæʊs]
ovação (f)	toejuiging	[tujœəҳiŋ]
palco (m)	verhoog	[ferhoəҳ]
cortina (f)	gordyn	[ҳordajn]
cenário (m)	dekor	[dekor]
bastidores (m pl)	agter die verhoog	[aҳtər di ferhoəҳ]
cena (f)	toneel	[toneəl]
ato (m)	bedryf	[bedrajf]
intervalo (m)	pouse	[pæʊsə]

125. Cinema

| ator (m) | akteur | [aktøǝr] |
| atriz (f) | aktrise | [aktrisǝ] |

cinema (m)	filmbedryf	[film·bedrajf]
filme (m)	fliek	[flik]
episódio (m)	episode	[ɛpisodǝ]

filme (m) policial	speurfliek	[spøǝr·flik]
filme (m) de ação	aksiefliek	[aksi·flik]
filme (m) de aventuras	avontuurfliek	[afontɪr·flik]
filme (m) de ficção científica	wetenskapfiksiefilm	[vetɛŋskapfiksi·film]
filme (m) de horror	gruwelfliek	[χruvɛl·flik]

comédia (f)	komedie	[komedi]
melodrama (m)	melodrama	[melodrama]
drama (m)	drama	[drama]

filme (m) de ficção	rolprent	[rolprent]
documentário (m)	dokumentêre rolprent	[dokumentɛrǝ rolprent]
desenho (m) animado	tekenfilm	[tekǝn·film]
cinema (m) mudo	stilprent	[stil·prent]
papel (m)	rol	[rol]
papel (m) principal	hoofrol	[hoǝf·rol]
representar (vt)	speel	[speǝl]

estrela (f) de cinema	filmster	[film·stǝr]
conhecido (adj)	bekend	[bekent]
famoso (adj)	beroemd	[berumt]
popular (adj)	gewild	[χevilt]

roteiro (m)	draaiboek	[drãjbuk]
roteirista (m)	draaiboekskrywer	[drãjbuk·skrajvǝr]
diretor (m) de cinema	filmregisseur	[film·reχissøǝr]
produtor (m)	produsent	[produsent]
assistente (m)	assistent	[assistent]
diretor (m) de fotografia	kameraman	[kameraman]
dublê (m)	waaghals	[vãχhals]
dublê (m) de corpo	dubbel	[dubbǝl]

audição (f)	filmtoets	[film·tuts]
filmagem (f)	skiet	[skit]
equipe (f) de filmagem	filmspan	[film·span]
set (m) de filmagem	rolprentstel	[rolprent·stǝl]
câmera (f)	kamera	[kamera]

| cinema (m) | bioskoop | [bioskoǝp] |
| tela (f) | skerm | [skerm] |

trilha (f) sonora	klankbaan	[klank·bãn]
efeitos (m pl) especiais	spesiale effekte	[spesialǝ ɛffektǝ]
legendas (f pl)	onderskrif	[ondǝrskrif]
crédito (m)	erkenning	[ɛrkɛnniŋ]
tradução (f)	vertaling	[fertaliŋ]

126. Pintura

arte (f)	kuns	[kuns]
belas-artes (f pl)	skone kunste	[skonə kunstə]
galeria (f) de arte	kunsgalery	[kuns·χalɛraj]
exibição (f) de arte	kunsuitstalling	[kuns·œitstallíŋ]
pintura (f)	skildery	[skilderaj]
arte (f) gráfica	grafiese kuns	[χrafisə kuns]
arte (f) abstrata	abstrakte kuns	[abstraktə kuns]
impressionismo (m)	impressionisme	[imprɛssionismə]
pintura (f), quadro (m)	skildery	[skilderaj]
desenho (m)	tekening	[tekəniŋ]
cartaz, pôster (m)	plakkaat	[plakkãt]
ilustração (f)	illustrasie	[illustrasi]
miniatura (f)	miniatuur	[miniatɪr]
cópia (f)	kopie	[kopi]
reprodução (f)	reproduksie	[reproduksi]
mosaico (m)	mosaiek	[mosajek]
vitral (m)	gebrandskilderde venster	[χebrandskilderdə fɛŋstər]
afresco (m)	fresko	[fresko]
gravura (f)	gravure	[χrafurə]
busto (m)	borsbeeld	[borsbeəlt]
escultura (f)	beeldhouwerk	[beəldhæʋverk]
estátua (f)	standbeeld	[standbeəlt]
gesso (m)	gips	[χips]
em gesso (adj)	gips-	[χips-]
retrato (m)	portret	[portret]
autorretrato (m)	selfportret	[sɛlf·portret]
paisagem (f)	landskap	[landskap]
natureza (f) morta	stillewe	[stillevə]
caricatura (f)	karikatuur	[karikatɪr]
esboço (m)	skets	[skets]
tinta (f)	verf	[ferf]
aquarela (f)	waterverf	[vatər·ferf]
tinta (f) a óleo	olieverf	[oli·ferf]
lápis (m)	potlood	[potloət]
tinta (f) nanquim	Indiese ink	[indisə ink]
carvão (m)	houtskool	[hæʋts·koəl]
desenhar (vt)	teken	[tekən]
pintar (vt)	skilder	[skildər]
posar (vi)	poseer	[poseər]
modelo (m)	naakmodel	[nãkmodəl]
modelo (f)	naakmodel	[nãkmodəl]
pintor (m)	kunstenaar	[kunstenãr]
obra (f)	kunswerk	[kuns·verk]

| obra-prima (f) | meesterstuk | [meester·stuk] |
| estúdio (m) | studio | [studio] |

tela (f)	doek	[duk]
cavalete (m)	skildersesel	[skilders·esel]
paleta (f)	palet	[palet]

moldura (f)	raam	[rãm]
restauração (f)	restourasie	[restæʊrasi]
restaurar (vt)	restoureer	[restæʊreer]

127. Literatura & Poesia

literatura (f)	literatuur	[literatɪr]
autor (m)	skrywer	[skrajvər]
pseudônimo (m)	skuilnaam	[skœil·nãm]

livro (m)	boek	[buk]
volume (m)	deel	[deel]
índice (m)	inhoudsopgawe	[inhæʊds·opχavə]
página (f)	bladsy	[bladsaj]
protagonista (m)	hoofkarakter	[hoef·karaktər]
autógrafo (m)	outograaf	[æʊtoχrãf]

conto (m)	kortverhaal	[kort·ferhãl]
novela (f)	novelle	[nofɛllə]
romance (m)	roman	[roman]
obra (f)	werk	[verk]
fábula (m)	fabel	[fabəl]
romance (m) policial	speurroman	[spøer·roman]

verso (m)	gedig	[χedəχ]
poesia (f)	digkuns	[diχkuns]
poema (m)	epos	[ɛpos]
poeta (m)	digter	[diχtər]

ficção (f)	fiksie	[fiksi]
ficção (f) científica	wetenskapsfiksie	[vetɛŋskaps·fiksi]
aventuras (f pl)	avonture	[afonturə]
literatura (f) didática	opvoedkundige literatuur	[opfutkundiχə literatɪr]
literatura (f) infantil	kinderliteratuur	[kindər·literatɪr]

128. Circo

circo (m)	sirkus	[sirkus]
circo (m) ambulante	rondreisende sirkus	[rondræjsende sirkus]
programa (m)	program	[proχram]
apresentação (f)	voorstelling	[foerstɛlliŋ]

número (m)	nommer	[nommər]
picadeiro (f)	sirkusring	[sirkus·riŋ]
pantomima (f)	pantomime	[pantomimə]

palhaço (m)	hanswors	[haŋswors]
acrobata (m)	akrobaat	[akrobãt]
acrobacia (f)	akrobatiek	[akrobatik]
ginasta (m)	gimnas	[χimnas]
ginástica (f)	gimnastiek	[χimnastik]
salto (m) mortal	salto	[salto]

homem (m) forte	atleet	[atleət]
domador (m)	temmer	[tɛmmər]
cavaleiro (m) equilibrista	ruiter	[rœitər]
assistente (m)	assistent	[assistent]

truque (m)	waaghalsige toertjie	[vāχhalsiχə turki]
truque (m) de mágica	goëltoertjie	[χoɛl·turki]
ilusionista (m)	goëlaar	[χoɛlãr]

malabarista (m)	jongleur	[jonχløər]
fazer malabarismos	jongleer	[jonχleər]
adestrador (m)	dresseerder	[drɛsseər·dər]
adestramento (m)	dressering	[drɛsseriŋ]
adestrar (vt)	afrig	[afrəχ]

129. Música. Música popular

música (f)	musiek	[musik]
músico (m)	musikant	[musikant]
instrumento (m) musical	musiekinstrument	[musik·instrument]
tocar ...	speel ...	[speəl ...]

guitarra (f)	kitaar	[kitãr]
violino (m)	viool	[fioəl]
violoncelo (m)	tjello	[ʧello]
contrabaixo (m)	kontrabas	[kontrabas]
harpa (f)	harp	[harp]

piano (m)	piano	[piano]
piano (m) de cauda	vleuelklavier	[fløɛl·klafir]
órgão (m)	orrel	[orrəl]

instrumentos (m pl) de sopro	blaasinstrumente	[blãs·instrumentə]
oboé (m)	hobo	[hobo]
saxofone (m)	saksofoon	[saksofoən]
clarinete (m)	klarinet	[klarinet]
flauta (f)	dwarsfluit	[dwarš·flœit]
trompete (m)	trompet	[trompet]

| acordeão (m) | trekklavier | [trɛkklafir] |
| tambor (m) | trommel | [tromməl] |

dueto (m)	duet	[duet]
trio (m)	trio	[trio]
quarteto (m)	kwartet	[kwartet]
coro (m)	koor	[koər]
orquestra (f)	orkes	[orkes]

música (f) pop	**popmusiek**	[pop·musik]
música (f) rock	**rockmusiek**	[rok·musik]
grupo (m) de rock	**rockgroep**	[rok·χrup]
jazz (m)	**jazz**	[jazz]
ídolo (m)	**held**	[hɛlt]
fã, admirador (m)	**bewonderaar**	[bevondərãr]
concerto (m)	**konsert**	[kɔŋsert]
sinfonia (f)	**simfonie**	[simfoni]
composição (f)	**komposisie**	[komposisi]
compor (vt)	**komponeer**	[komponeər]
canto (m)	**sang**	[saŋ]
canção (f)	**lied**	[lit]
melodia (f)	**wysie**	[vajsi]
ritmo (m)	**ritme**	[ritmə]
blues (m)	**blues**	[blues]
notas (f pl)	**bladmusiek**	[blad·musik]
batuta (f)	**dirigeerstok**	[diriχeər·stok]
arco (m)	**strykstok**	[strajk·stok]
corda (f)	**snaar**	[snãr]
estojo (m)	**houer**	[hæʊər]

Descanso. Entretenimento. Viagens

130. Viagens

turismo (m)	toerisme	[turismə]
turista (m)	toeris	[turis]
viagem (f)	reis	[ræjs]
aventura (f)	avontuur	[afontɪr]
percurso (curta viagem)	reis	[ræjs]
férias (f pl)	vakansie	[fakaŋsi]
estar de férias	met vakansie wees	[met fakaŋsi veəs]
descanso (m)	rus	[rus]
trem (m)	trein	[træjn]
de trem (chegar ~)	per trein	[pər træjn]
avião (m)	vliegtuig	[fliχtœiχ]
de avião	per vliegtuig	[pər fliχtœiχ]
de carro	per motor	[pər motor]
de navio	per skip	[pər skip]
bagagem (f)	bagasie	[baχasi]
mala (f)	tas	[tas]
carrinho (m)	bagasiekarretjie	[baχasi·karrəki]
passaporte (m)	paspoort	[paspoərt]
visto (m)	visum	[fisum]
passagem (f)	kaartjie	[kārki]
passagem (f) aérea	lugkaartjie	[luχ·kārki]
guia (m) de viagem	reisgids	[ræjsχids]
mapa (m)	kaart	[kārt]
área (f)	gebied	[χebit]
lugar (m)	plek	[plek]
exotismo (m)	eksotiese dinge	[ɛksotisə diŋə]
exótico (adj)	eksoties	[ɛksotis]
surpreendente (adj)	verbasend	[ferbasent]
grupo (m)	groep	[χrup]
excursão (f)	uitstappie	[œitstappi]
guia (m)	gids	[χids]

131. Hotel

hospedaria (f)	hotel	[hotəl]
motel (m)	motel	[motəl]
três estrelas	drie-ster	[dri-stər]

| cinco estrelas | vyf-ster | [fajf-stər] |
| ficar (vi, vt) | oornag | [oərnaχ] |

quarto (m)	kamer	[kamər]
quarto (m) individual	enkelkamer	[ɛnkəl·kamər]
quarto (m) duplo	dubbelkamer	[dubbəl·kamər]

| meia pensão (f) | met aandete, bed en ontbyt | [met āndetə], [bet en ontbajt] |
| pensão (f) completa | volle losies | [follə losis] |

com banheira	met bad	[met bat]
com chuveiro	met stortbad	[met stort·bat]
televisão (m) por satélite	satelliet-TV	[satɛllit-te·fe]
ar (m) condicionado	lugversorger	[luχfersorχər]
toalha (f)	handdoek	[handduk]
chave (f)	sleutel	[sløətəl]

administrador (m)	bestuurder	[bestırdər]
camareira (f)	kamermeisie	[kamər·mæjsi]
bagageiro (m)	hoteljoggie	[hotəl·joχi]
porteiro (m)	portier	[portir]

restaurante (m)	restaurant	[restɔurant]
bar (m)	kroeg	[kruχ]
café (m) da manhã	ontbyt	[ontbajt]
jantar (m)	aandete	[āndetə]
bufê (m)	buffetete	[buffetetə]

| saguão (m) | voorportaal | [foər·portāl] |
| elevador (m) | hysbak | [hajsbak] |

| NÃO PERTURBE | MOENIE STEUR NIE | [muni støər ni] |
| PROIBIDO FUMAR! | ROOK VERBODE | [roək ferbodə] |

132. Livros. Leitura

livro (m)	boek	[buk]
autor (m)	outeur	[æʊtøər]
escritor (m)	skrywer	[skrajvər]
escrever (~ um livro)	skryf	[skrajf]

leitor (m)	leser	[lesər]
ler (vt)	lees	[leəs]
leitura (f)	lees	[leəs]

| para si | stil | [stil] |
| em voz alta | hardop | [hardop] |

publicar (vt)	uitgee	[œitχeə]
publicação (f)	uitgee	[œitχeə]
editor (m)	uitgewer	[œitχevər]
editora (f)	uitgewery	[œitχevəraj]
sair (vi)	verskyn	[ferskajn]
lançamento (m)	verskyn	[ferskajn]

tiragem (f)	**oplaag**	[oplãχ]
livraria (f)	**boekhandel**	[buk·handəl]
biblioteca (f)	**biblioteek**	[biblioteək]
novela (f)	**novelle**	[nofɛllə]
conto (m)	**kortverhaal**	[kort·ferhãl]
romance (m)	**roman**	[roman]
romance (m) policial	**speurroman**	[spøər·roman]
memórias (f pl)	**memoires**	[memuares]
lenda (f)	**legende**	[leχendə]
mito (m)	**mite**	[mitə]
poesia (f)	**poësie**	[poɛsi]
autobiografia (f)	**outobiografie**	[æʊtobioχrafi]
obras (f pl) escolhidas	**bloemlesing**	[blumlesiŋ]
ficção (f) científica	**wetenskapsfiksie**	[vetɛŋskaps·fiksi]
título (m)	**titel**	[titel]
introdução (f)	**inleiding**	[inlæjdiŋ]
folha (f) de rosto	**titelblad**	[titel·blat]
capítulo (m)	**hoofstuk**	[hoəfstuk]
excerto (m)	**fragment**	[fraχment]
episódio (m)	**episode**	[ɛpisodə]
enredo (m)	**plot**	[plot]
conteúdo (m)	**inhoud**	[inhæʊt]
índice (m)	**inhoudsopgawe**	[inhæʊds·opχavə]
protagonista (m)	**hoofkarakter**	[hoəf·karaktər]
volume (m)	**deel**	[deəl]
capa (f)	**omslag**	[omslaχ]
encadernação (f)	**band**	[bant]
marcador (m) de página	**bladwyser**	[blat·vajsər]
página (f)	**bladsy**	[bladsaj]
folhear (vt)	**deurblaai**	[døərblãi]
margem (f)	**marges**	[marχəs]
anotação (f)	**annotasie**	[annotasi]
nota (f) de rodapé	**voetnota**	[fut·nota]
texto (m)	**teks**	[teks]
fonte (f)	**lettertipe**	[lɛttər·tipə]
falha (f) de impressão	**drukfout**	[druk·fæʊt]
tradução (f)	**vertaling**	[fertaliŋ]
traduzir (vt)	**vertaal**	[fertãl]
original (m)	**oorspronklike**	[oərspronklikə]
famoso (adj)	**beroemd**	[berumt]
desconhecido (adj)	**onbekend**	[onbekent]
interessante (adj)	**interessante**	[interessantə]
best-seller (m)	**blitsverkoper**	[blits·ferkopər]
dicionário (m)	**woordeboek**	[voərdə·buk]
livro (m) didático	**handboek**	[hand·buk]
enciclopédia (f)	**ensiklopedie**	[ɛŋsiklopedi]

133. Caça. Pesca

caça (f)	jag	[jaχ]
caçar (vi)	jag	[jaχ]
caçador (m)	jagter	[jaχtər]
disparar, atirar (vi)	skiet	[skit]
rifle (m)	geweer	[χeveər]
cartucho (m)	patroon	[patroən]
chumbo (m) de caça	hael	[haəl]
armadilha (f)	slagyster	[slaχ·ajstər]
armadilha (com corda)	valstrik	[falstrik]
cair na armadilha	in die valstrik trap	[in di falstrik trap]
pôr a armadilha	n valstrik lê	[ə falstrik lɛ:]
caçador (m) furtivo	wildstroper	[vilt·stropər]
caça (animais)	wild	[vilt]
cão (m) de caça	jaghond	[jaχ·hont]
safári (m)	safari	[safari]
animal (m) empalhado	opgestopte dier	[opχestoptə dir]
pescador (m)	visterman	[fisterman]
pesca (f)	vis vang	[fis faŋ]
pescar (vt)	vis vang	[fis faŋ]
vara (f) de pesca	visstok	[fis·stok]
linha (f) de pesca	vislyn	[fis·lajn]
anzol (m)	vishoek	[fis·huk]
boia (f), flutuador (m)	vlotter	[flottər]
isca (f)	aas	[ãs]
lançar a linha	lyngooi	[lajnχoj]
morder (peixe)	byt	[bajt]
pesca (f)	vang	[faŋ]
buraco (m) no gelo	gat in die ys	[χat in di ajs]
rede (f)	visnet	[fis·net]
barco (m)	boot	[boət]
lançar a rede	die net gooi	[di net χoj]
puxar a rede	die net intrek	[di net intrek]
cair na rede	in die net val	[in di net fal]
baleeiro (m)	walvisvanger	[valfis·vaŋer]
baleeira (f)	walvisboot	[valfis·boət]
arpão (m)	harpoen	[harpun]

134. Jogos. Bilhar

bilhar (m)	biljart	[biljart]
sala (f) de bilhar	biljartkamer	[biljart·kamər]
bola (f) de bilhar	bal	[bal]
taco (m)	biljartstok	[biljart·stok]
caçapa (f)	sakkie	[sakki]

135. Jogos. Jogar cartas

ouros (m pl)	diamante	[diamantə]
espadas (f pl)	skoppens	[skoppɛns]
copas (f pl)	harte	[hartə]
paus (m pl)	klawers	[klavərs]

ás (m)	aas	[ās]
rei (m)	koning	[koniŋ]
dama (f), rainha (f)	dame	[damə]
valete (m)	boer	[bur]

carta (f) de jogar	speelkaart	[speəl·kārt]
cartas (f pl)	kaarte	[kārtə]
trunfo (m)	troefkaart	[truf·kārt]
baralho (m)	pak kaarte	[pak kārtə]

ponto (m)	punt	[punt]
dar, distribuir (vt)	uitdeel	[œitdeəl]
embaralhar (vt)	skommel	[skomməl]
vez, jogada (f)	beurt	[bøərt]
trapaceiro (m)	valsspeler	[fals·spelər]

136. Descanso. Jogos. Diversos

passear (vi)	wandel	[vandəl]
passeio (m)	wandeling	[vandəliŋ]
viagem (f) de carro	motorrit	[motor·rit]
aventura (f)	avontuur	[afontɪr]
piquenique (m)	piekniek	[piknik]

jogo (m)	spel	[spel]
jogador (m)	speler	[spelər]
partida (f)	spel	[spel]

colecionador (m)	versamelaar	[fersamelār]
colecionar (vt)	versamel	[fersaməl]
coleção (f)	versameling	[fersameliŋ]
palavras (f pl) cruzadas	blokkiesraaisel	[blokkis·rāisəl]
hipódromo (m)	perderesiesbaan	[perdə·resisbān]
discoteca (f)	disko	[disko]

sauna (f)	sauna	[sɔuna]
loteria (f)	lotery	[loteraj]

campismo (m)	kampeeruitstappie	[kampeər·ajtstappi]
acampamento (m)	kamp	[kamp]
barraca (f)	tent	[tɛnt]
bússola (f)	kompas	[kompas]
campista (m)	kampeerder	[kampeərdər]
ver (vt), assistir à ...	kyk	[kajk]
telespectador (m)	kyker	[kajkər]
programa (m) de TV	TV-program	[te·fe-proχram]

137. Fotografia

máquina (f) fotográfica	kamera	[kamera]
foto, fotografia (f)	foto	[foto]
fotógrafo (m)	fotograaf	[fotoχrãf]
estúdio (m) fotográfico	fotostudio	[foto·studio]
álbum (m) de fotografias	fotoalbum	[foto·album]
lente (f) fotográfica	kameralens	[kamera·lɛŋs]
lente (f) teleobjetiva	telefotolens	[telefoto·lɛŋs]
filtro (m)	filter	[filtər]
lente (f)	lens	[lɛŋs]
ótica (f)	optiek	[optik]
abertura (f)	diafragma	[diafraχma]
exposição (f)	beligtingstyd	[beliχtiŋs·tajt]
visor (m)	soeker	[sukər]
câmera (f) digital	digitale kamera	[diχitalə kamera]
tripé (m)	driepoot	[dripoət]
flash (m)	flits	[flits]
fotografar (vt)	fotografeer	[fotoχrafeər]
tirar fotos	fotografeer	[fotoχrafeər]
fotografar-se (vr)	jou portret laat maak	[jæʊ portret lãt mãk]
foco (m)	fokus	[fokus]
focar (vt)	fokus	[fokus]
nítido (adj)	skerp	[skerp]
nitidez (f)	skerpheid	[skerphæjt]
contraste (m)	kontras	[kontras]
contrastante (adj)	kontrasryk	[kontrasrajk]
retrato (m)	kiekie	[kiki]
negativo (m)	negatief	[neχatif]
filme (m)	rolfilm	[rolfilm]
fotograma (m)	raampie	[rãmpi]
imprimir (vt)	druk	[druk]

138. Praia. Natação

praia (f)	strand	[strant]
areia (f)	sand	[sant]
deserto (adj)	verlate	[ferlatə]
bronzeado (m)	sonbruin kleur	[sonbrœin kløər]
bronzear-se (vr)	bruinbrand	[brœinbrant]
bronzeado (adj)	bruingebrand	[brœiŋəbrant]
protetor (m) solar	sonskermroom	[sɔŋ·skerm·roəm]
biquíni (m)	bikini	[bikini]
maiô (m)	baaikostuum	[bãj·kostɪm]

calção (m) de banho	baaibroek	[bāj·bruk]
piscina (f)	swembad	[swem·bat]
nadar (vi)	swem	[swem]
chuveiro (m), ducha (f)	stort	[stort]
mudar, trocar (vt)	verklee	[ferkleə]
toalha (f)	handdoek	[handduk]
barco (m)	boot	[boət]
lancha (f)	motorboot	[motor·boət]
esqui (m) aquático	waterski	[vatər·ski]
barco (m) de pedais	waterfiets	[vatər·fits]
surf, surfe (m)	branderplankry	[brandərplank·raj]
surfista (m)	branderplankryer	[brandərplank·rajer]
equipamento (m) de mergulho	duiklong	[dœikloŋ]
pé (m pl) de pato	paddavoet	[padda·fut]
máscara (f)	duikmasker	[dœik·maskər]
mergulhador (m)	duiker	[dœikər]
mergulhar (vi)	duik	[dœik]
debaixo d'água	onder water	[ondər vatər]
guarda-sol (m)	strandsambreel	[strand·sambreəl]
espreguiçadeira (f)	strandstoel	[strand·stul]
óculos (m pl) de sol	sonbril	[son·bril]
colchão (m) de ar	opblaasmatras	[opblās·matras]
brincar (vi)	speel	[speəl]
ir nadar	gaan swem	[χān swem]
bola (f) de praia	strandbal	[strand·bal]
encher (vt)	opblaas	[opblās]
inflável (adj)	opblaas-	[opblās-]
onda (f)	golf	[χolf]
boia (f)	boei	[bui]
afogar-se (vr)	verdrink	[ferdrink]
salvar (vt)	red	[ret]
colete (m) salva-vidas	reddingsbaadjie	[rɛddiŋs·bādʒi]
observar (vt)	dophou	[dophæʊ]
salva-vidas (pessoa)	lewensredder	[levɛns·rɛddər]

EQUIPAMENTO TÉCNICO. TRANSPORTES

Equipamento técnico. Transportes

139. Computador

computador (m)	rekenaar	[rekənār]
computador (m) portátil	skootrekenaar	[skoət·rekənār]
ligar (vt)	aanskakel	[ãŋskakəl]
desligar (vt)	afskakel	[afskakəl]
teclado (m)	toetsbord	[tuts·bort]
tecla (f)	toets	[tuts]
mouse (m)	muis	[mœis]
tapete (m) para mouse	muismatjie	[mœis·maki]
botão (m)	knop	[knop]
cursor (m)	loper	[lopər]
monitor (m)	monitor	[monitor]
tela (f)	skerm	[skerm]
disco (m) rígido	harde skyf	[hardə skajf]
capacidade (f) do disco rígido	harde skyf se vermoë	[hardə skajf sə fermoɛ]
memória (f)	geheue	[χəhøə]
memória RAM (f)	RAM-geheue	[ram-χəhøəə]
arquivo (m)	lêer	[lɛər]
pasta (f)	gids	[χids]
abrir (vt)	oopmaak	[oəpmāk]
fechar (vt)	sluit	[slœit]
salvar (vt)	bewaar	[bevār]
deletar (vt)	uitvee	[œitfeə]
copiar (vt)	kopieer	[kopir]
ordenar (vt)	sorteer	[sorteər]
copiar (vt)	oorplaas	[oərplãs]
programa (m)	program	[proχram]
software (m)	sagteware	[saχtevarə]
programador (m)	programmeur	[proχrammøər]
programar (vt)	programmeer	[proχrammeər]
hacker (m)	kuberkraker	[kubər·krakər]
senha (f)	wagwoord	[vaχ·woərt]
vírus (m)	virus	[firus]
detectar (vt)	opspoor	[opspoər]
byte (m)	greep	[χreəp]

megabyte (m)	megagreep	[meχaχreəp]
dados (m pl)	data	[data]
base (f) de dados	databasis	[data·basis]
cabo (m)	kabel	[kabəl]
desconectar (vt)	ontkoppel	[ontkoppəl]
conectar (vt)	konnekteer	[konnekteər]

140. Internet. E-mail

internet (f)	internet	[internet]
browser (m)	webblaaier	[veb·blājer]
motor (m) de busca	soekenjin	[suk·ɛnʤin]
provedor (m)	verskaffer	[ferskaffər]
webmaster (m)	webmeester	[veb·meəstər]
website (m)	webwerf	[veb·werf]
web page (f)	webblad	[veb·blat]
endereço (m)	adres	[adres]
livro (m) de endereços	adresboek	[adres·buk]
caixa (f) de correio	posbus	[pos·bus]
correio (m)	pos	[pos]
cheia (caixa de correio)	vol	[fol]
mensagem (f)	boodskap	[boədskap]
mensagens (f pl) recebidas	inkomende boodskappe	[inkomendə boədskappə]
mensagens (f pl) enviadas	uitgaande boodskappe	[œitχāndə boədskappə]
remetente (m)	sender	[sendər]
enviar (vt)	verstuur	[ferstɪr]
envio (m)	versending	[fersendiŋ]
destinatário (m)	ontvanger	[ontfaŋər]
receber (vt)	ontvang	[ontfaŋ]
correspondência (f)	korrespondensie	[korrespondɛŋsi]
corresponder-se (vr)	korrespondeer	[korrespondeər]
arquivo (m)	lêer	[lɛər]
fazer download, baixar (vt)	aflaai	[aflāi]
criar (vt)	skep	[skep]
deletar (vt)	uitvee	[œitfeə]
deletado (adj)	uitgevee	[œitχefeə]
conexão (f)	konneksie	[konneksi]
velocidade (f)	spoed	[sput]
modem (m)	modem	[modem]
acesso (m)	toegang	[tuχaŋ]
porta (f)	portaal	[portāl]
conexão (f)	aansluiting	[āŋslœitiŋ]
conectar (vi)	aansluit by …	[āŋslœit baj …]

escolher (vt)	**kies**	[kis]
buscar (vt)	**soek**	[suk]

Transportes

141. Avião

avião (m)	vliegtuig	[fliχtœiχ]
passagem (f) aérea	lugkaartjie	[luχ·kãrki]
companhia (f) aérea	lugredery	[luχrederaj]
aeroporto (m)	lughawe	[luχhavə]
supersônico (adj)	supersonies	[supersonis]
comandante (m) do avião	kaptein	[kaptæjn]
tripulação (f)	bemanning	[bemanniŋ]
piloto (m)	piloot	[pilɔət]
aeromoça (f)	lugwaardin	[luχ·wãrdin]
copiloto (m)	navigator	[nafiχator]
asas (f pl)	vlerke	[flerkə]
cauda (f)	stert	[stert]
cabine (f)	stuurkajuit	[stɪr·kajœit]
motor (m)	enjin	[ɛndʒin]
trem (m) de pouso	landingstel	[landiŋ·stəl]
turbina (f)	turbine	[turbinə]
hélice (f)	skroef	[skruf]
caixa-preta (f)	swart boks	[swart boks]
coluna (f) de controle	stuurstang	[stɪr·staŋ]
combustível (m)	brandstof	[brantstof]
instruções (f pl) de segurança	veiligheidskaart	[fæjliχæjts·kãrt]
máscara (f) de oxigênio	suurstofmasker	[sɪrstof·maskər]
uniforme (m)	uniform	[uniform]
colete (m) salva-vidas	reddingsbaadjie	[rɛddiŋs·bãdʒi]
paraquedas (m)	valskerm	[fal·skerm]
decolagem (f)	opstyging	[opstajχiŋ]
descolar (vi)	opstyg	[opstajχ]
pista (f) de decolagem	landingsbaan	[landiŋs·bãn]
visibilidade (f)	uitsig	[œitsəχ]
voo (m)	vlug	[fluχ]
altura (f)	hoogte	[hoəχtə]
poço (m) de ar	lugsak	[luχsak]
assento (m)	sitplek	[sitplek]
fone (m) de ouvido	koptelefoon	[kop·telefoən]
mesa (f) retrátil	voutafeltjie	[fæu·tafɛlki]
janela (f)	vliegtuigvenster	[fliχtœiχ·fɛnstər]
corredor (m)	paadjie	[pãdʒi]

142. Comboio

trem (m)	trein	[træjn]
trem (m) elétrico	voorstedelike trein	[foərstedelikə træjn]
trem (m)	sneltrein	[snɛl·træjn]
locomotiva (f) diesel	diesellokomotief	[disəl·lokomotif]
locomotiva (f) a vapor	stoomlokomotief	[stoəm·lokomotif]
vagão (f) de passageiros	passasierswa	[passasirs·wa]
vagão-restaurante (m)	eetwa	[eət·wa]
carris (m pl)	spoorstawe	[spoər·stavə]
estrada (f) de ferro	spoorweg	[spoər·weχ]
travessa (f)	dwarslêer	[dwarslɛər]
plataforma (f)	perron	[perron]
linha (f)	spoor	[spoər]
semáforo (m)	semafoor	[semafoər]
estação (f)	stasie	[stasi]
maquinista (m)	treindrywer	[træjn·drajvər]
bagageiro (m)	portier	[portir]
hospedeiro, -a (m, f)	kondukteur	[konduktøər]
passageiro (m)	passasier	[passasir]
revisor (m)	kondukteur	[konduktøər]
corredor (m)	gang	[χaŋ]
freio (m) de emergência	noodrem	[noədrem]
compartimento (m)	kompartiment	[kompartiment]
cama (f)	bed	[bet]
cama (f) de cima	boonste bed	[boəŋstə bet]
cama (f) de baixo	onderste bed	[ondərstə bet]
roupa (f) de cama	beddegoed	[beddə·χut]
passagem (f)	kaartjie	[kārki]
horário (m)	diensrooster	[diŋs·roəstər]
painel (m) de informação	informasiebord	[informasi·bort]
partir (vt)	vertrek	[fertrek]
partida (f)	vertrek	[fertrek]
chegar (vi)	aankom	[ānkom]
chegada (f)	aankoms	[ānkoms]
chegar de trem	aankom per trein	[ānkom pər træjn]
pegar o trem	in die trein klim	[in di træjn klim]
descer de trem	uit die trein klim	[œit di træjn klim]
acidente (m) ferroviário	treinbotsing	[træjn·botsiŋ]
descarrilar (vi)	ontspoor	[ontspoər]
locomotiva (f) a vapor	stoomlokomotief	[stoəm·lokomotif]
foguista (m)	stoker	[stokər]
fornalha (f)	stookplek	[stoəkplek]
carvão (m)	steenkool	[steən·koəl]

143. Barco

navio (m)	skip	[skip]
embarcação (f)	vaartuig	[fãrtœiχ]
barco (m) a vapor	stoomboot	[stoəm·boət]
barco (m) fluvial	rivierboot	[rifir·boət]
transatlântico (m)	toerskip	[tur·skip]
cruzeiro (m)	kruiser	[krœisər]
iate (m)	jag	[jaχ]
rebocador (m)	sleepboot	[sleəp·boət]
barcaça (f)	vragskuit	[fraχ·skœit]
ferry (m)	veerboot	[feər·boət]
veleiro (m)	seilskip	[sæjl·skip]
bergantim (m)	skoenerbrik	[skunər·brik]
quebra-gelo (m)	ysbreker	[ajs·brekər]
submarino (m)	duikboot	[dœik·boət]
bote, barco (m)	roeiboot	[ruiboət]
baleeira (bote salva-vidas)	bootjie	[boəki]
bote (m) salva-vidas	reddingsboot	[rɛddiŋs·boət]
lancha (f)	motorboot	[motor·boət]
capitão (m)	kaptein	[kaptæjn]
marinheiro (m)	seeman	[seəman]
marujo (m)	matroos	[matroəs]
tripulação (f)	bemanning	[bemanniŋ]
contramestre (m)	bootsman	[boətsman]
grumete (m)	skeepsjonge	[skeəps·joŋə]
cozinheiro (m) de bordo	kok	[kok]
médico (m) de bordo	skeepsdokter	[skeəps·doktər]
convés (m)	dek	[dek]
mastro (m)	mas	[mas]
vela (f)	seil	[sæjl]
porão (m)	skeepsruim	[skeəps·rœim]
proa (f)	boeg	[buχ]
popa (f)	agterstewe	[aχtərstewə]
remo (m)	roeispaan	[ruis·pãn]
hélice (f)	skroef	[skruf]
cabine (m)	kajuit	[kajœit]
sala (f) dos oficiais	offisierskajuit	[offisirs·kajœit]
sala (f) das máquinas	enjinkamer	[ɛnʤin·kamər]
ponte (m) de comando	brug	[bruχ]
sala (f) de comunicações	radiokamer	[radio·kamər]
onda (f)	golf	[χolf]
diário (m) de bordo	logboek	[loχbuk]
luneta (f)	verkyker	[ferkajkər]
sino (m)	bel	[bəl]

bandeira (f)	vlag	[flaχ]
cabo (m)	kabel	[kabəl]
nó (m)	knoop	[knoəp]

corrimão (m)	dekleuning	[dek·løəniŋ]
prancha (f) de embarque	gangplank	[χaŋ·plank]

âncora (f)	anker	[ankər]
recolher a âncora	anker lig	[ankər ləχ]
jogar a âncora	anker uitgooi	[ankər œitχoj]
amarra (corrente de âncora)	ankerketting	[ankər·kɛttiŋ]

porto (m)	hawe	[havə]
cais, amarradouro (m)	kaai	[kāi]
atracar (vi)	vasmeer	[fasmeər]
desatracar (vi)	vertrek	[fertrek]

viagem (f)	reis	[ræjs]
cruzeiro (m)	cruise	[kru:s]
rumo (m)	koers	[kurs]
itinerário (m)	roete	[rutə]

canal (m) de navegação	vaarwater	[fār·vatər]
banco (m) de areia	sandbank	[sand·bank]
encalhar (vt)	strand	[strant]

tempestade (f)	storm	[storm]
sinal (m)	sienjaal	[sinjāl]
afundar-se (vr)	sink	[sink]
Homem ao mar!	Man oorboord!	[man oərboərd!]
SOS	SOS	[sos]
boia (f) salva-vidas	reddingsboei	[rɛddiŋs·bui]

144. Aeroporto

aeroporto (m)	lughawe	[luχhavə]
avião (m)	vliegtuig	[fliχtœiχ]
companhia (f) aérea	lugredery	[luχrederaj]
controlador (m) de tráfego aéreo	lugverkeersleier	[luχ·ferkeərs·læjer]

partida (f)	vertrek	[fertrek]
chegada (f)	aankoms	[ānkoms]
chegar (vi)	aankom	[ānkom]

hora (f) de partida	vertrektyd	[fertrək·tajt]
hora (f) de chegada	aankomstyd	[ānkoms·tajt]

estar atrasado	vertraag wees	[fertrāχ veəs]
atraso (m) de voo	vlugvertraging	[fluχ·fertraχiŋ]

painel (m) de informação	informasiebord	[informasi·bort]
informação (f)	informasie	[informasi]
anunciar (vt)	aankondig	[ānkondəχ]

voo (m)	vlug	[fluχ]
alfândega (f)	doeane	[duanə]
funcionário (m) da alfândega	doeanebeampte	[duanə·beamptə]

declaração (f) alfandegária	doeaneverklaring	[duanə·ferklariŋ]
preencher (vt)	invul	[inful]
controle (m) de passaporte	paspoortkontrole	[paspoərt·kontrolə]

bagagem (f)	bagasie	[baχasi]
bagagem (f) de mão	handbagasie	[hand·baχasi]
carrinho (m)	bagasiekarretjie	[baχasi·karrəki]

pouso (m)	landing	[landiŋ]
pista (f) de pouso	landingsbaan	[landiŋs·bān]
aterrissar (vi)	land	[lant]
escada (f) de avião	vliegtuigtrap	[fliχtœiχ·trap]

check-in (m)	na die vertrektoonbank	[na di fertrək·toənbank]
balcão (m) do check-in	vertrektoonbank	[fertrək·toənbank]
fazer o check-in	na die vertrektoonbank gaan	[na di fertrək·toənbank χān]
cartão (m) de embarque	instapkaart	[instap·kārt]
portão (m) de embarque	vertrekuitgang	[fertrek·œitχaŋ]

trânsito (m)	transito	[traŋsito]
esperar (vi, vt)	wag	[vaχ]
sala (f) de espera	vertreksaal	[fertrək·sāl]
despedir-se (acompanhar)	afsien	[afsin]
despedir-se (dizer adeus)	afskeid neem	[afskæjt neəm]

145. Bicicleta. Motocicleta

bicicleta (f)	fiets	[fits]
lambreta (f)	bromponie	[bromponi]
moto (f)	motorfiets	[motorfits]

ir de bicicleta	per fiets ry	[pər fits raj]
guidão (m)	stuurstang	[stɪr·staŋ]
pedal (m)	pedaal	[pedāl]
freios (m pl)	remme	[remmə]
banco, selim (m)	fietssaal	[fits·sāl]

bomba (f)	pomp	[pomp]
bagageiro (m) de teto	bagasierak	[baχasi·rak]
lanterna (f)	fietslamp	[fits·lamp]
capacete (m)	helmet	[hɛlmet]

roda (f)	wiel	[vil]
para-choque (m)	modderskerm	[moddər·skerm]
aro (m)	velling	[fɛlliŋ]
raio (m)	speek	[speək]

Carros

146. Tipos de carros

carro, automóvel (m)	motor	[motor]
carro (m) esportivo	sportmotor	[sport·motor]
limusine (f)	limousine	[limæʊsinə]
todo o terreno (m)	veldvoertuig	[fɛlt·furtœiχ]
conversível (m)	met afslaandak	[met afslāndak]
minibus (m)	bussie	[bussi]
ambulância (f)	ambulans	[ambulaŋs]
limpa-neve (m)	sneeuploeg	[sniʊ·pluχ]
caminhão (m)	vragmotor	[fraχ·motor]
caminhão-tanque (m)	tenkwa	[tɛnk·wa]
perua, van (f)	bestelwa	[bestəl·wa]
caminhão-trator (m)	padtrekker	[pad·trɛkkər]
reboque (m)	aanhangwa	[ānhaŋ·wa]
confortável (adj)	gemaklik	[χemaklik]
usado (adj)	gebruik	[χebrœik]

147. Carros. Carroçaria

capô (m)	enjinkap	[ɛndʒin·kap]
para-choque (m)	modderskerm	[moddər·skerm]
teto (m)	dak	[dak]
para-brisa (m)	voorruit	[foər·rœit]
retrovisor (m)	truspieël	[tru·spiɛl]
esguicho (m)	voorruitsproer	[foər·rœitsprur]
limpadores (m) de para-brisas	ruitveërs	[rœit·feɛrs]
vidro (m) lateral	syvenster	[saj·fɛŋstər]
elevador (m) do vidro	vensterhyser	[fɛŋstər·hajsər]
antena (f)	lugdraad	[luχdrāt]
teto (m) solar	sondak	[sondak]
para-choque (m)	buffer	[buffər]
porta-malas (f)	bagasiebak	[baχasi·bak]
bagageira (f)	dakreling	[dak·reliŋ]
porta (f)	deur	[døər]
maçaneta (f)	handvatsel	[hand·fatsəl]
fechadura (f)	deurslot	[døər·slot]
placa (f)	nommerplaat	[nommər·plāt]
silenciador (m)	knaldemper	[knal·dempər]

tanque (m) de gasolina	petroltenk	[petrol·tɛnk]
tubo (m) de exaustão	uitlaatpyp	[œitlāt·pajp]
acelerador (m)	gaspedaal	[χas·pedāl]
pedal (m)	pedaal	[pedāl]
pedal (m) do acelerador	gaspedaal	[χas·pedāl]
freio (m)	rem	[rem]
pedal (m) do freio	rempedaal	[rem·pedāl]
frear (vt)	remtrap	[remtrap]
freio (m) de mão	parkeerrem	[parkeər·rem]
embreagem (f)	koppelaar	[koppelār]
pedal (m) da embreagem	koppelaarpedaal	[koppelār·pedāl]
disco (m) de embreagem	koppelaarskyf	[koppelār·skajf]
amortecedor (m)	skokbreker	[skok·brekər]
roda (f)	wiel	[vil]
pneu (m) estepe	spaarwiel	[spār·wil]
pneu (m)	band	[bant]
calota (f)	wieldop	[wil·dop]
rodas (f pl) motrizes	dryfwiele	[drajf·wilə]
de tração dianteira	voorwielaandrywing	[foərwil·āndrajviŋ]
de tração traseira	agterwielaandrywing	[aχtərwil·āndrajviŋ]
de tração às 4 rodas	vierwielaandrywing	[firwil·āndrajviŋ]
caixa (f) de mudanças	ratkas	[ratkas]
automático (adj)	outomaties	[æʊtomatis]
mecânico (adj)	meganies	[meχanis]
alavanca (f) de câmbio	ratwisselaar	[ratwisselār]
farol (m)	koplig	[kopləχ]
faróis (m pl)	kopligte	[kopliχtə]
farol (m) baixo	dempstraal	[demp·strāl]
farol (m) alto	hoofstraal	[hoəf·strāl]
luzes (f pl) de parada	remlig	[remləχ]
luzes (f pl) de posição	parkeerlig	[parkeər·ləχ]
luzes (f pl) de emergência	gevaarligte	[χefār·liχtə]
faróis (m pl) de neblina	mislampe	[mis·lampə]
pisca-pisca (m)	draaiwyser	[drāj·vajsər]
luz (f) de marcha ré	trulig	[truləχ]

148. Carros. Habitáculo

interior (do carro)	interieur	[interiøer]
de couro	leer-	[leər-]
de veludo	fluweel-	[fluveəl-]
estofamento (m)	bekleding	[beklediŋ]
indicador (m)	instrument	[instrument]
painel (m)	voorpaneel	[foər·paneəl]

velocímetro (m)	spoedmeter	[spud·metər]
ponteiro (m)	wyster	[vajstər]

hodômetro, odômetro (m)	afstandmeter	[afstant·metər]
indicador (m)	sensor	[sɛŋsor]
nível (m)	vlak	[flak]
luz (f) de aviso	waarskulig	[vārskuləχ]

volante (m)	stuurwiel	[stɪr·wil]
buzina (f)	toeter	[tutər]
botão (m)	knop	[knop]
interruptor (m)	skakelaar	[skakəlār]

assento (m)	sitplek	[sitplek]
costas (f pl) do assento	rugsteun	[ruχ·støən]
cabeceira (f)	kopstut	[kopstut]
cinto (m) de segurança	veiligheidsgordel	[fæjliχæjts·χordəl]
apertar o cinto	die gordel vasmaak	[di χordəl fasmāk]
ajuste (m)	verstelling	[ferstɛlliŋ]

airbag (m)	lugsak	[luχsak]
ar (m) condicionado	lugversorger	[luχfersorχər]

rádio (m)	radio	[radio]
leitor (m) de CD	CD-speler	[se·de spelər]
ligar (vt)	aanskakel	[āŋskakəl]
antena (f)	lugdraad	[luχdrāt]
porta-luvas (m)	paneelkassie	[paneəl·kassi]
cinzeiro (m)	asbak	[asbak]

149. Carros. Motor

motor (m)	motor, enjin	[motor], [ɛnʤin]
a diesel	diesel	[disəl]
a gasolina	petrol	[petrol]

cilindrada (f)	enjininhoud	[ɛnʤin·inhæʊt]
potência (f)	krag	[kraχ]
cavalo (m) de potência	perdekrag	[perdə·kraχ]
pistão (m)	suier	[sœier]
cilindro (m)	silinder	[silindər]
válvula (f)	klep	[klep]

injetor (m)	inspuiting	[inspœitiŋ]
gerador (m)	generator	[χenerator]
carburador (m)	vergasser	[ferχassər]
óleo (m) de motor	motorolie	[motor·oli]

radiador (m)	verkoeler	[ferkulər]
líquido (m) de arrefecimento	koelmiddel	[kul·middəl]
ventilador (m)	waaier	[vājer]

bateria (f)	battery	[battəraj]
dispositivo (m) de arranque	aansitter	[āŋsittər]

ignição (f)	ontsteking	[ontstekiŋ]
vela (f) de ignição	vonkprop	[fonk·prop]
terminal (m)	pool	[poəl]
terminal (m) positivo	positiewe pool	[positivə poəl]
terminal (m) negativo	negatiewe pool	[neχativə poəl]
fusível (m)	sekering	[sekəriŋ]
filtro (m) de ar	lugfilter	[luχ·filtər]
filtro (m) de óleo	oliefilter	[oli·filtər]
filtro (m) de combustível	brandstoffilter	[brantstof·filtər]

150. Carros. Batidas. Reparação

acidente (m) de carro	motorbotsing	[motor·botsiŋ]
acidente (m) rodoviário	verkeersongeluk	[ferkeərs·onχəluk]
bater (~ num muro)	bots	[bots]
sofrer um acidente	verongeluk	[feronχəluk]
dano (m)	skade	[skadə]
intato	onbeskadig	[onbeskadəχ]
pane (f)	onklaar raak	[onklãr rãk]
avariar (vi)	onklaar raak	[onklãr rãk]
cabo (m) de reboque	sleeptou	[sleəp·tæʊ]
furo (m)	papwiel	[pap·wil]
estar furado	pap wees	[pap veəs]
encher (vt)	oppomp	[oppomp]
pressão (f)	druk	[druk]
verificar (vt)	nagaan	[naχãn]
reparo (m)	herstel	[herstəl]
oficina (f) automotiva	garage	[χaraʒə]
peça (f) de reposição	onderdeel	[ondərdeəl]
peça (f)	onderdeel	[ondərdeəl]
parafuso (com porca)	bout	[bæʊt]
parafuso (m)	skroef	[skruf]
porca (f)	moer	[mur]
arruela (f)	waster	[vastər]
rolamento (m)	koeëllaer	[kuεllaər]
tubo (m)	pyp	[pajp]
junta, gaxeta (f)	pakstuk	[pakstuk]
fio, cabo (m)	kabel	[kabəl]
macaco (m)	domkrag	[domkraχ]
chave (f) de boca	moersleutel	[mur·sløətəl]
martelo (m)	hamer	[hamər]
bomba (f)	pomp	[pomp]
chave (f) de fenda	skroewedraaier	[skruvə·drãjer]
extintor (m)	brandblusser	[brant·blussər]
triângulo (m) de emergência	gevaardriehoek	[χefãr·drihuk]

morrer (motor)	stol	[stol]
paragem, "morte" (f)	stol	[stol]
estar quebrado	stukkend wees	[stukkent veəs]

superaquecer-se (vr)	oorverhit	[oərferhit]
entupir-se (vr)	verstop raak	[ferstop rãk]
congelar-se (vr)	vries	[fris]
rebentar (vi)	bars	[bars]

pressão (f)	druk	[druk]
nível (m)	vlak	[flak]
frouxo (adj)	slap	[slap]

batida (f)	duik	[dœik]
ruído (m)	klopgeluid	[klop·χəlœit]
fissura (f)	kraak	[krãk]
arranhão (m)	skraap	[skrãp]

151. Carros. Estrada

estrada (f)	pad	[pat]
autoestrada (f)	deurpad	[døərpat]
rodovia (f)	deurpad	[døərpat]
direção (f)	rigting	[riχtiŋ]
distância (f)	afstand	[afstant]

ponte (f)	brug	[bruχ]
parque (m) de estacionamento	parkeerterrein	[parkeər·terræjn]
praça (f)	plein	[plæjn]
nó (m) rodoviário	padknoop	[pad·knoəp]
túnel (m)	tonnel	[tonnəl]

posto (m) de gasolina	petrolstasie	[petrol·stasi]
parque (m) de estacionamento	parkeerterrein	[parkeər·terræjn]
bomba (f) de gasolina	petrolpomp	[petrol·pomp]
oficina (f) automotiva	garage	[χaraʒə]
abastecer (vt)	volmaak	[folmãk]
combustível (m)	brandstof	[brantstof]
galão (m) de gasolina	petrolblik	[petrol·blik]

asfalto (m)	teer	[teər]
marcação (f) de estradas	padmerktekens	[pad·merktekɛŋs]
meio-fio (m)	randsteen	[rand·steən]
guard-rail (m)	skutreling	[skut·reliŋ]
valeta (f)	donga	[donχa]
acostamento (m)	skouer	[skæʊər]
poste (m) de luz	lamppaal	[lamp·pãl]

dirigir (vt)	bestuur	[bestɪr]
virar (~ para a direita)	draai	[drãi]
dar retorno	U-draai maak	[u-drãj mãk]
ré (f)	tru-	[tru-]
buzinar (vi)	toeter	[tutər]
buzina (f)	toeter	[tutər]

atolar-se (vr)	vassteek	[fassteək]
patinar (na lama)	die wiele laat tol	[di vilə lāt tol]
desligar (vt)	afskakel	[afskakəl]

velocidade (f)	spoed	[sput]
exceder a velocidade	die spoedgrens oortree	[di sputχrɛŋs oərtreə]
semáforo (m)	robot	[robot]
carteira (f) de motorista	bestuurslisensie	[bestɪrs·lisɛŋsi]

passagem (f) de nível	treinoorgang	[træjn·oərχaŋ]
cruzamento (m)	kruispunt	[krœis·punt]
faixa (f)	sebraoorgang	[sebra·oərχaŋ]
curva (f)	draai	[drāi]
zona (f) de pedestres	voetgangerstraat	[futχaŋər·strāt]

PESSOAS. EVENTOS

Eventos

152. Férias. Evento

festa (f)	partytjie	[partajki]
feriado (m) nacional	nasionale dag	[naʃionalə daχ]
feriado (m)	openbare vakansiedag	[openbarə fakaŋsi·daχ]
festejar (vt)	herdenk	[herdenk]
evento (festa, etc.)	gebeurtenis	[χebøørtenis]
evento (banquete, etc.)	gebeurtenis	[χebøørtenis]
banquete (m)	banket	[banket]
recepção (f)	onthaal	[onthãl]
festim (m)	feesmaal	[fees·mãl]
aniversário (m)	verjaardag	[ferjãr·daχ]
jubileu (m)	jubileum	[jubiløəm]
celebrar (vt)	vier	[fir]
Ano (m) Novo	Nuwejaar	[nuvejãr]
Feliz Ano Novo!	Voorspoedige Nuwejaar	[foərspudiχə nuvejãr]
Papai Noel (m)	Kersvader	[kers·fadər]
Natal (m)	Kersfees	[kersfeəs]
Feliz Natal!	Geseënde Kersfees	[χeseɛndə kersfeɛs]
árvore (f) de Natal	Kersboom	[kers·boəm]
fogos (m pl) de artifício	vuurwerk	[fɪrwerk]
casamento (m)	bruilof	[brœilof]
noivo (m)	bruidegom	[brœidəχom]
noiva (f)	bruid	[brœit]
convidar (vt)	uitnooi	[œitnoj]
convite (m)	uitnodiging	[œitnodəχiŋ]
convidado (m)	gas	[χas]
visitar (vt)	besoek	[besuk]
receber os convidados	die gaste ontmoet	[di χastə ontmut]
presente (m)	present	[present]
oferecer, dar (vt)	gee	[χeə]
receber presentes	presente ontvang	[presentə ontfaŋ]
buquê (m) de flores	boeket	[buket]
felicitações (f pl)	gelukwense	[χelukwɛŋsə]
felicitar (vt)	gelukwens	[χelukwɛŋs]
cartão (m) de parabéns	geleentheidskaartjie	[χeleenthæjts·kãrki]

brinde (m)	heildronk	[hæjldronk]
oferecer (vt)	aanbied	[ãnbit]
champanhe (m)	sjampanje	[ʃampanje]

divertir-se (vr)	jouself geniet	[jæusɛlf χenit]
diversão (f)	pret	[pret]
alegria (f)	vreugde	[frøəχdə]

| dança (f) | dans | [daŋs] |
| dançar (vi) | dans | [daŋs] |

| valsa (f) | wals | [vals] |
| tango (m) | tango | [tanχo] |

153. Funerais. Enterro

cemitério (m)	begraafplaas	[beχrãf·plãs]
sepultura (f), túmulo (m)	graf	[χraf]
cruz (f)	kruis	[krœis]
lápide (f)	grafsteen	[χrafsteən]
cerca (f)	heining	[hæjniŋ]
capela (f)	kapel	[kapəl]

morte (f)	dood	[doət]
morrer (vi)	doodgaan	[doədχãn]
defunto (m)	oorledene	[oərledenə]
luto (m)	rou	[ræu]

enterrar, sepultar (vt)	begrawe	[beχravə]
funerária (f)	begrafnisonderneming	[beχrafnis·ondərnemiŋ]
funeral (m)	begrafnis	[beχrafnis]

coroa (f) de flores	krans	[kraŋs]
caixão (m)	doodskis	[doədskis]
carro (m) funerário	lykswa	[lajks·wa]
mortalha (f)	lykkleed	[lajk·kleət]

procissão (f) funerária	begrafnisstoet	[beχrafnis·stut]
urna (f) funerária	urn	[urn]
crematório (m)	krematorium	[krematorium]

obituário (m), necrologia (f)	doodsberig	[doəds·berəχ]
chorar (vi)	huil	[hœil]
soluçar (vi)	snik	[snik]

154. Guerra. Soldados

pelotão (m)	peleton	[peleton]
companhia (f)	kompanie	[kompani]
regimento (m)	regiment	[reχiment]
exército (m)	leër	[leɛr]
divisão (f)	divisie	[difisi]

esquadrão (m)	afdeling	[afdeliŋ]
hoste (f)	leërskare	[leɛrskarə]

soldado (m)	soldaat	[soldãt]
oficial (m)	offisier	[offisir]

soldado (m) raso	soldaat	[soldãt]
sargento (m)	sersant	[sersant]
tenente (m)	luitenant	[lœitənant]
capitão (m)	kaptein	[kaptæjn]
major (m)	majoor	[majoər]
coronel (m)	kolonel	[kolonəl]
general (m)	generaal	[ҳenerãl]

marujo (m)	matroos	[matroəs]
capitão (m)	kaptein	[kaptæjn]
contramestre (m)	bootsman	[boətsman]
artilheiro (m)	artilleris	[artilleris]
soldado (m) paraquedista	valskermsoldaat	[falskerm·soldãt]
piloto (m)	piloot	[piloət]
navegador (m)	navigator	[nafiҳator]
mecânico (m)	werktuigkundige	[verktœiҳ·kundiҳə]

sapador-mineiro (m)	sappeur	[sappøər]
paraquedista (m)	valskermspringer	[falskerm·spriŋər]
explorador (m)	verkenner	[ferkɛnnər]
atirador (m) de tocaia	skerpskut	[skerp·skut]

patrulha (f)	patrollie	[patrolli]
patrulhar (vt)	patrolleer	[patrolleər]
sentinela (f)	wag	[vaҳ]
guerreiro (m)	vegter	[feҳtər]
patriota (m)	patriot	[patriot]
herói (m)	held	[hɛlt]
heroína (f)	heldin	[hɛldin]

traidor (m)	verraaier	[ferrãjer]
trair (vt)	verraai	[ferrãi]

desertor (m)	droster	[drostər]
desertar (vt)	dros	[dros]

mercenário (m)	huursoldaat	[hɪr·soldãt]
recruta (m)	rekruteer	[rekruteər]
voluntário (m)	vrywilliger	[frajvilliҳər]

morto (m)	dooie	[dojə]
ferido (m)	gewonde	[ҳevondə]
prisioneiro (m) de guerra	krygsgevangene	[krajҳs·ҳefaŋənə]

155. Guerra. Ações militares. Parte 1

guerra (f)	oorlog	[oərloҳ]
guerrear (vt)	oorlog voer	[oərloҳ fur]

guerra (f) civil	burgeroorlog	[burgər·oərloχ]
perfidamente	valslik	[falslik]
declaração (f) de guerra	oorlogsverklaring	[oərloχs·ferklariŋ]
declarar guerra	oorlog verklaar	[oərloχ ferklãr]
agressão (f)	aggressie	[aχrɛssi]
atacar (vt)	aanval	[ãnfal]

invadir (vt)	binneval	[binnəfal]
invasor (m)	binnevaller	[binnəfallər]
conquistador (m)	veroweraar	[feroverãr]

defesa (f)	verdediging	[ferdedəχiŋ]
defender (vt)	verdedig	[ferdedəχ]
defender-se (vr)	jouself verdedig	[jæʊsɛlf ferdedəχ]

inimigo (m)	vyand	[fajant]
adversário (m)	teëstander	[teɛstandər]
inimigo (adj)	vyandig	[fajandəχ]

| estratégia (f) | strategie | [strateχi] |
| tática (f) | taktiek | [taktik] |

ordem (f)	bevel	[befəl]
comando (m)	bevel	[befəl]
ordenar (vt)	beveel	[befeəl]
missão (f)	opdrag	[opdraχ]
secreto (adj)	geheim	[χəhæjm]

| batalha (f) | veldslag | [fɛltslaχ] |
| combate (m) | geveg | [χefeχ] |

ataque (m)	aanval	[ãnfal]
assalto (m)	bestorming	[bestormiŋ]
assaltar (vt)	bestorm	[bestorm]
assédio, sítio (m)	beleg	[beleχ]

| ofensiva (f) | aanval | [ãnfal] |
| tomar à ofensiva | tot die offensief oorgaan | [tot di offɛŋsif oərχãn] |

| retirada (f) | terugtrekking | [teruχ·trɛkkiŋ] |
| retirar-se (vr) | terugtrek | [teruχtrek] |

| cerco (m) | omsingeling | [omsinχəliŋ] |
| cercar (vt) | omsingel | [omsiŋəl] |

bombardeio (m)	bombardement	[bombardement]
bombardear (vt)	bombardeer	[bombardeər]
explosão (f)	ontploffing	[ontploffiŋ]

| tiro (m) | skoot | [skoət] |
| tiroteio (m) | skiet | [skit] |

apontar para ...	mik op	[mik op]
apontar (vt)	rig	[riχ]
acertar (vt)	tref	[tref]
afundar (~ um navio, etc.)	sink	[sink]

| brecha (f) | gat | [χat] |
| afundar-se (vr) | sink | [sink] |

frente (m)	front	[front]
evacuação (f)	evakuasie	[ɛfakuasi]
evacuar (vt)	evakueer	[ɛfakueǝr]

trincheira (f)	loopgraaf	[loǝpχrãf]
arame (m) enfarpado	doringdraad	[doriŋ·drãt]
barreira (f) anti-tanque	versperring	[fersperriŋ]
torre (f) de vigia	wagtoring	[vaχ·toriŋ]

hospital (m) militar	militêre hospitaal	[militærǝ hospitãl]
ferir (vt)	wond	[vont]
ferida (f)	wond	[vont]
ferido (m)	gewonde	[χevondǝ]
ficar ferido	gewond	[χevont]
grave (ferida ~)	ernstig	[ɛrnstǝχ]

156. Armas

arma (f)	wapens	[vapɛns]
arma (f) de fogo	vuurwapens	[fɪr·vapɛns]
arma (f) branca	messe	[mɛssǝ]

arma (f) química	chemiese wapens	[χemisǝ vapɛns]
nuclear (adj)	kern-	[kern-]
arma (f) nuclear	kernwapens	[kern·vapɛns]

| bomba (f) | bom | [bom] |
| bomba (f) atômica | atoombom | [atoǝm·bom] |

pistola (f)	pistool	[pistoǝl]
rifle (m)	geweer	[χeveǝr]
semi-automática (f)	aanvalsgeweer	[ãnvals·χeveǝr]
metralhadora (f)	masjiengeweer	[maʃin·χeveǝr]

boca (f)	loop	[loǝp]
cano (m)	loop	[loǝp]
calibre (m)	kaliber	[kalibǝr]

gatilho (m)	sneller	[snɛllǝr]
mira (f)	visier	[fisir]
carregador (m)	magasyn	[maχasajn]
coronha (f)	kolf	[kolf]

| granada (f) de mão | handgranaat | [hand·χranãt] |
| explosivo (m) | springstof | [spriŋstof] |

bala (f)	koeël	[kuɛl]
cartucho (m)	patroon	[patroǝn]
carga (f)	lading	[ladiŋ]
munições (f pl)	ammunisie	[ammunisi]
bombardeiro (m)	bomwerper	[bom·werpǝr]

avião (m) de caça	straalvegter	[strāl·feχtər]
helicóptero (m)	helikopter	[helikoptər]
canhão (m) antiaéreo	lugafweer	[luχafweər]
tanque (m)	tenk	[tɛnk]
canhão (de um tanque)	tenkkanon	[tɛnk·kanon]
artilharia (f)	artillerie	[artilleri]
canhão (m)	kanon	[kanon]
fazer a pontaria	aanlê	[ānlɛ:]
projétil (m)	projektiel	[projektil]
granada (f) de morteiro	mortierbom	[mortir·bom]
morteiro (m)	mortier	[mortir]
estilhaço (m)	skrapnel	[skrapnəl]
submarino (m)	duikboot	[dœik·boət]
torpedo (m)	torpedo	[torpedo]
míssil (m)	vuurpyl	[fɪr·pajl]
carregar (uma arma)	laai	[lāi]
disparar, atirar (vi)	skiet	[skit]
apontar para ...	rig op	[riχ op]
baioneta (f)	bajonet	[bajonet]
espada (f)	rapier	[rapir]
sabre (m)	sabel	[sabəl]
lança (f)	spies	[spis]
arco (m)	boog	[boəχ]
flecha (f)	pyl	[pajl]
mosquete (m)	musket	[musket]
besta (f)	kruisboog	[krœis·boəχ]

157. Povos da antiguidade

primitivo (adj)	primitief	[primitif]
pré-histórico (adj)	prehistories	[prehistoris]
antigo (adj)	antiek	[antik]
Idade (f) da Pedra	Steentydperk	[steən·tajtperk]
Idade (f) do Bronze	Bronstydperk	[broŋs·tajtperk]
Era (f) do Gelo	Ystydperk	[ajs·tajtperk]
tribo (f)	stam	[stam]
canibal (m)	mensvreter	[mɛŋs·fretər]
caçador (m)	jagter	[jaχtər]
caçar (vi)	jag	[jaχ]
mamute (m)	mammoet	[mammut]
caverna (f)	grot	[χrot]
fogo (m)	vuur	[fɪr]
fogueira (f)	kampvuur	[kampfɪr]
pintura (f) rupestre	rotstekening	[rots·tekəniŋ]
ferramenta (f)	werktuig	[verktœiχ]

lança (f)	spies	[spis]
machado (m) de pedra	klipbyl	[klip·bajl]
guerrear (vt)	oorlog voer	[oərloχ fur]
domesticar (vt)	tem	[tem]

ídolo (m)	afgod	[afχot]
adorar, venerar (vt)	aanbid	[ānbit]
superstição (f)	bygeloof	[bajχəloəf]
ritual (m)	ritueel	[ritueəl]

evolução (f)	evolusie	[ɛfolusi]
desenvolvimento (m)	ontwikkeling	[ontwikkeliŋ]
extinção (f)	verdwyning	[ferdwajniŋ]
adaptar-se (vr)	jou aanpas	[jæʊ ānpas]

arqueologia (f)	argeologie	[arχeoloχi]
arqueólogo (m)	argeoloog	[arχeoloəχ]
arqueológico (adj)	argeologies	[arχeoloχis]

escavação (sítio)	opgrawingsplek	[opχraviŋs·plek]
escavações (f pl)	opgrawingsplekke	[opχraviŋs·plɛkkə]
achado (m)	vonds	[fonds]
fragmento (m)	fragment	[fraχment]

158. Idade média

povo (m)	volk	[folk]
povos (m pl)	bevolking	[befolkiŋ]
tribo (f)	stam	[stam]
tribos (f pl)	stamme	[stammə]

bárbaros (pl)	barbare	[barbarə]
galeses (pl)	Galliërs	[χalliɛrs]
godos (pl)	Gote	[χote]
eslavos (pl)	Slawe	[slavə]
viquingues (pl)	Vikings	[vikiŋs]

romanos (pl)	Romeine	[romæjnə]
romano (adj)	Romeins	[romæjns]

bizantinos (pl)	Bisantyne	[bisantajnə]
Bizâncio	Bisantium	[bisantium]
bizantino (adj)	Bisantyns	[bisantajns]

imperador (m)	keiser	[kæjsər]
líder (m)	leier	[læjer]
poderoso (adj)	magtig	[maχtəχ]
rei (m)	koning	[koniŋ]
governante (m)	heerser	[heərsər]

cavaleiro (m)	ridder	[riddər]
senhor feudal (m)	feodale heerser	[feodale heərsər]
feudal (adj)	feodaal	[feodāl]
vassalo (m)	vasal	[fasal]

duque (m)	**hertog**	[hertoχ]
conde (m)	**graaf**	[χrãf]
barão (m)	**baron**	[baron]
bispo (m)	**biskop**	[biskop]

armadura (f)	**harnas**	[harnas]
escudo (m)	**skild**	[skilt]
espada (f)	**swaard**	[swãrt]
viseira (f)	**visier**	[fisir]
cota (f) de malha	**maliehemp**	[mali·hemp]

cruzada (f)	**Kruistog**	[krœis·toχ]
cruzado (m)	**kruisvaarder**	[krœis·fãrdər]

território (m)	**gebied**	[χebit]
atacar (vt)	**aanval**	[ãnfal]
conquistar (vt)	**verower**	[ferovər]
ocupar, invadir (vt)	**beset**	[beset]

assédio, sítio (m)	**beleg**	[beleχ]
sitiado (adj)	**beleërde**	[beleɛrdə]
assediar, sitiar (vt)	**beleër**	[beleɛr]

inquisição (f)	**inkwisisie**	[inkvisisi]
inquisidor (m)	**inkwisiteur**	[inkvisitøər]
tortura (f)	**marteling**	[martəliŋ]
cruel (adj)	**wreed**	[vreət]
herege (m)	**ketter**	[kɛttər]
heresia (f)	**kettery**	[kɛtteraj]

navegação (f) marítima	**seevaart**	[seə·fãrt]
pirata (m)	**piraat, seerower**	[pirãt], [seə·rovər]
pirataria (f)	**piratery, seerowery**	[pirateraj], [seə·roveraj]
abordagem (f)	**enter**	[ɛntər]
presa (f), butim (m)	**buit**	[bœit]
tesouros (m pl)	**skatte**	[skattə]

descobrimento (m)	**ontdekking**	[ontdɛkkiŋ]
descobrir (novas terras)	**ontdek**	[ontdek]
expedição (f)	**ekspedisie**	[ɛkspedisi]

mosqueteiro (m)	**musketier**	[musketir]
cardeal (m)	**kardinaal**	[kardinãl]
heráldica (f)	**heraldiek**	[heraldik]
heráldico (adj)	**heraldies**	[heraldis]

159. Líder. Chefe. Autoridades

rei (m)	**koning**	[koniŋ]
rainha (f)	**koningin**	[koniŋin]
real (adj)	**koninklik**	[koninklik]
reino (m)	**koninkryk**	[koninkrajk]
príncipe (m)	**prins**	[prins]
princesa (f)	**prinses**	[prinsəs]

presidente (m)	president	[president]
vice-presidente (m)	vise-president	[fise-president]
senador (m)	senator	[senator]

monarca (m)	monarg	[monarχ]
governante (m)	heerser	[heersər]
ditador (m)	diktator	[diktator]
tirano (m)	tiran	[tiran]
magnata (m)	magnaat	[maχnãt]

diretor (m)	direkteur	[direktøər]
chefe (m)	baas	[bãs]
gerente (m)	bestuurder	[bestɪrdər]
patrão (m)	baas	[bãs]
dono (m)	eienaar	[æjenãr]

líder (m)	leier	[læjer]
chefe (m)	hoof	[hoəf]
autoridades (f pl)	outoriteite	[æʊtoritæjtə]
superiores (m pl)	hoofde	[hoəfdə]

governador (m)	goewerneur	[χuvernøər]
cônsul (m)	konsul	[koŋsul]
diplomata (m)	diplomaat	[diplomãt]
Presidente (m) da Câmara	burgermeester	[burgər·meəstər]
xerife (m)	sheriff	[sheriff]

imperador (m)	keiser	[kæjsər]
czar (m)	tsaar	[tsãr]
faraó (m)	farao	[farao]
cã, khan (m)	kan	[kan]

160. Violação da lei. Criminosos. Parte 1

bandido (m)	bandiet	[bandit]
crime (m)	misdaad	[misdãt]
criminoso (m)	misdadiger	[misdadiχer]

ladrão (m)	dief	[dif]
roubar (vt)	steel	[steəl]
roubo (atividade)	steel	[steəl]
furto (m)	diefstal	[difstal]

raptar, sequestrar (vt)	ontvoer	[ontfur]
sequestro (m)	ontvoering	[ontfuriŋ]
sequestrador (m)	ontvoerder	[ontfurdər]

| resgate (m) | losgeld | [losχɛlt] |
| pedir resgate | losgeld eis | [losχɛlt æjs] |

roubar (vt)	besteel	[besteəl]
assalto, roubo (m)	oorval	[oərfal]
assaltante (m)	boef	[buf]
extorquir (vt)	afpers	[afpers]

| extorsionário (m) | afperser | [afpersər] |
| extorsão (f) | afpersing | [afpersiŋ] |

matar, assassinar (vt)	vermoor	[fermoər]
homicídio (m)	moord	[moərt]
homicida, assassino (m)	moordenaar	[moərdenãr]

tiro (m)	skoot	[skoət]
matar a tiro	doodskiet	[doədskit]
disparar, atirar (vi)	skiet	[skit]
tiroteio (m)	skietery	[skiteraj]

incidente (m)	insident	[insident]
briga (~ de rua)	geveg	[χefeχ]
Socorro!	Help!	[hɛlp!]
vítima (f)	slagoffer	[slaχoffər]

danificar (vt)	beskadig	[beskadəχ]
dano (m)	skade	[skadə]
cadáver (m)	lyk	[lajk]
grave (adj)	ernstig	[ɛrnstəχ]

atacar (vt)	aanval	[ãnfal]
bater (espancar)	slaan	[slãn]
espancar (vt)	platslaan	[platslãn]

tirar, roubar (dinheiro)	vat	[fat]
esfaquear (vt)	doodsteek	[doədsteək]
mutilar (vt)	vermink	[fermink]
ferir (vt)	wond	[vont]

chantagem (f)	afpersing	[afpersiŋ]
chantagear (vt)	afpers	[afpers]
chantagista (m)	afperser	[afpersər]

extorsão (f)	beskermingswendelary	[beskermiŋ·swendəlaraj]
extorsionário (m)	afperser	[afpersər]
gângster (m)	boef	[buf]
máfia (f)	mafia	[mafia]

punguista (m)	sakkeroller	[sakkerollər]
assaltante, ladrão (m)	inbreker	[inbrekər]
contrabando (m)	smokkel	[smokkəl]
contrabandista (m)	smokkelaar	[smokkəlãr]

falsificação (f)	vervalsing	[ferfalsiŋ]
falsificar (vt)	verval	[ferfal]
falsificado (adj)	vals	[fals]

161. Violação da lei. Criminosos. Parte 2

estupro (m)	verkragting	[ferkraχtiŋ]
estuprar (vt)	verkrag	[ferkraχ]
estuprador (m)	verkragter	[ferkraχtər]

maníaco (m)	maniak	[maniak]
prostituta (f)	prostituut	[prostittt]
prostituição (f)	prostitusie	[prostitusi]
cafetão (m)	pooier	[pojer]
drogado (m)	dwelmslaaf	[dwɛlm·slãf]
traficante (m)	dwelmhandelaar	[dwɛlm·handəlãr]
explodir (vt)	opblaas	[opblãs]
explosão (f)	ontploffing	[ontploffiŋ]
incendiar (vt)	aan die brand steek	[ãn di brant steek]
incendiário (m)	brandstigter	[brant·stiχtər]
terrorismo (m)	terrorisme	[terrorismə]
terrorista (m)	terroris	[terroris]
refém (m)	gyselaar	[χajsəlãr]
enganar (vt)	bedrieg	[bedrəχ]
engano (m)	bedrog	[bedroχ]
vigarista (m)	bedrieër	[bedriɛr]
subornar (vt)	omkoop	[omkoəp]
suborno (atividade)	omkopery	[omkoperaj]
suborno (dinheiro)	omkoopgeld	[omkoəp·χɛlt]
veneno (m)	gif	[χif]
envenenar (vt)	vergiftig	[ferχiftəχ]
envenenar-se (vr)	jouself vergiftig	[jæusɛlf ferχiftəχ]
suicídio (m)	selfmoord	[sɛlfmoərt]
suicida (m)	selfmoordenaar	[sɛlfmoərdenãr]
ameaçar (vt)	dreig	[dræjχ]
ameaça (f)	dreigement	[dræjχement]
atentado (m)	aanslag	[ãŋslaχ]
roubar (um carro)	steel	[steəl]
sequestrar (um avião)	kaap	[kãp]
vingança (f)	wraak	[vrãk]
vingar (vt)	wreek	[vreək]
torturar (vt)	martel	[martəl]
tortura (f)	marteling	[martəliŋ]
atormentar (vt)	folter	[foltər]
pirata (m)	piraat, seerower	[pirãt], [seə·rovər]
desordeiro (m)	skollie	[skolli]
armado (adj)	gewapen	[χevapen]
violência (f)	geweld	[χevɛlt]
ilegal (adj)	onwettig	[onwɛttəχ]
espionagem (f)	spioenasie	[spiunasi]
espionar (vi)	spioeneer	[spiuneər]

162. Polícia. Lei. Parte 1

| justiça (sistema de ~) | justisie | [jestisi] |
| tribunal (m) | geregshof | [χereχshof] |

juiz (m)	regter	[reχtər]
jurados (m pl)	jurielede	[jurilede]
tribunal (m) do júri	jurieregspraak	[juri·reχsprãk]
julgar (vt)	bereg	[bereχ]

advogado (m)	advokaat	[adfokãt]
réu (m)	beklaagde	[beklãχdə]
banco (m) dos réus	beklaagdebank	[beklãχdə·bank]

| acusação (f) | aanklag | [ānklaχ] |
| acusado (m) | beskuldigde | [beskuldiχdə] |

| sentença (f) | vonnis | [fonnis] |
| sentenciar (vt) | veroordeel | [feroərdeəl] |

culpado (m)	skuldig	[skuldəχ]
punir (vt)	straf	[straf]
punição (f)	straf	[straf]

multa (f)	boete	[butə]
prisão (f) perpétua	lewenslange gevangenisstraf	[levɛŋslaŋə χefaŋənis·straf]
pena (f) de morte	doodstraf	[doədstraf]
cadeira (f) elétrica	elektriese stoel	[ɛlektrisə stul]
forca (f)	galg	[χalχ]

| executar (vt) | eksekuteer | [ɛksekuteər] |
| execução (f) | eksekusie | [ɛksekusi] |

| prisão (f) | tronk | [tronk] |
| cela (f) de prisão | sel | [səl] |

escolta (f)	eskort	[ɛskort]
guarda (m) prisional	tronkbewaarder	[tronk·bevārdər]
preso, prisioneiro (m)	gevangene	[χefaŋənə]

| algemas (f pl) | handboeie | [hant·buje] |
| algemar (vt) | in die boeie slaan | [in di buje slãn] |

fuga, evasão (f)	ontsnapping	[ontsnappiŋ]
fugir (vi)	ontsnap	[ontsnap]
desaparecer (vi)	verdwyn	[ferdwajn]
soltar, libertar (vt)	vrylaat	[frajlãt]
anistia (f)	amnestie	[amnesti]

polícia (instituição)	polisie	[polisi]
polícia (m)	polisieman	[polisi·man]
delegacia (f) de polícia	polisiestasie	[polisi·stasi]
cassetete (m)	knuppel	[knuppəl]
megafone (m)	megafoon	[meχafoən]

carro (m) de patrulha	patrolliemotor	[patrolli·motor]
sirene (f)	sirene	[sirenə]
ligar a sirene	die sirene aanskakel	[di sirenə ãŋskakəl]
toque (m) da sirene	sirenegeloei	[sirenə·χelui]

cena (f) do crime	misdaadtoneel	[misdãd·toneəl]
testemunha (f)	getuie	[χetœiə]
liberdade (f)	vryheid	[frajhæjt]
cúmplice (m)	medepligtige	[medə·pliχtiχə]
escapar (vi)	ontvlug	[ontfluχ]
traço (não deixar ~s)	spoor	[spoər]

163. Polícia. Lei. Parte 2

procura (f)	soektog	[suktoχ]
procurar (vt)	soek ...	[suk ...]
suspeita (f)	verdenking	[ferdɛnkiŋ]
suspeito (adj)	verdag	[ferdaχ]
parar (veículo, etc.)	teëhou	[teɛhæʋ]
deter (fazer parar)	aanhou	[ãnhæʋ]

caso (~ criminal)	hofsaak	[hofsãk]
investigação (f)	ondersoek	[ondərsuk]
detetive (m)	speurder	[spøərdər]
investigador (m)	speurder	[spøərdər]
versão (f)	hipotese	[hipotesə]

motivo (m)	motief	[motif]
interrogatório (m)	ondervraging	[ondərfraχiŋ]
interrogar (vt)	ondervra	[ondərfra]
questionar (vt)	verhoor	[ferhoər]
verificação (f)	kontroleer	[kontroleər]

batida (f) policial	klopjag	[klopjaχ]
busca (f)	huissoeking	[hœis·sukiŋ]
perseguição (f)	agtervolging	[aχtərfolχiŋ]
perseguir (vt)	agtervolg	[aχtərfolχ]
seguir, rastrear (vt)	opspoor	[opspoər]

prisão (f)	inhegtenisneming	[inheχtenis·nemiŋ]
prender (vt)	arresteer	[arresteər]
pegar, capturar (vt)	vang	[faŋ]
captura (f)	opsporing	[opsporiŋ]

documento (m)	dokument	[dokument]
prova (f)	bewys	[bevajs]
provar (vt)	bewys	[bevajs]
pegada (f)	voetspoor	[futspoər]
impressões (f pl) digitais	vingerafdrukke	[fiŋər·afdrukkə]
prova (f)	bewysstuk	[bevajs·stuk]

álibi (m)	alibi	[alibi]
inocente (adj)	onskuldig	[oŋskuldəχ]
injustiça (f)	onreg	[onreχ]

injusto (adj)	onregverdig	[onreχferdəχ]
criminal (adj)	krimineel	[krimineəl]
confiscar (vt)	in beslag neem	[in beslaχ neəm]
droga (f)	dwelm	[dwɛlm]
arma (f)	wapen	[vapen]
desarmar (vt)	ontwapen	[ontvapen]
ordenar (vt)	beveel	[befeəl]
desaparecer (vi)	verdwyn	[ferdwajn]
lei (f)	wet	[vet]
legal (adj)	wettig	[vɛttəχ]
ilegal (adj)	onwettig	[onwɛttəχ]
responsabilidade (f)	verantwoordelikheid	[ferant·voərdelikhæjt]
responsável (adj)	verantwoordelik	[ferant·voərdelik]

NATUREZA

A Terra. Parte 1

164. Espaço sideral

espaço, cosmo (m)	kosmos	[kosmos]
espacial, cósmico (adj)	kosmies	[kosmis]
espaço (m) cósmico	buitenste ruimte	[bœitɛŋstə rajmtə]
mundo (m)	wêreld	[værɛlt]
universo (m)	heelal	[heəlal]
galáxia (f)	sterrestelsel	[sterrə·stɛlsəl]
estrela (f)	ster	[ster]
constelação (f)	sterrebeeld	[sterrə·beəlt]
planeta (m)	planeet	[planeet]
satélite (m)	satelliet	[satɛllit]
meteorito (m)	meteoriet	[meteorit]
cometa (m)	komeet	[komeət]
asteroide (m)	asteroïed	[asteroïət]
órbita (f)	baan	[bãn]
girar (vi)	draai	[drãi]
atmosfera (f)	atmosfeer	[atmosfeər]
Sol (m)	die Son	[di son]
Sistema (m) Solar	sonnestelsel	[sonnə·stɛlsəl]
eclipse (m) solar	sonsverduistering	[soŋs·ferdœisteriŋ]
Terra (f)	die Aarde	[di ãrdə]
Lua (f)	die Maan	[di mãn]
Marte (m)	Mars	[mars]
Vênus (f)	Venus	[fenus]
Júpiter (m)	Jupiter	[jupitər]
Saturno (m)	Saturnus	[saturnus]
Mercúrio (m)	Mercurius	[merkurius]
Urano (m)	Uranus	[uranus]
Netuno (m)	Neptunus	[neptunus]
Plutão (m)	Pluto	[pluto]
Via Láctea (f)	Melkweg	[melk·weχ]
Ursa Maior (f)	Groot Beer	[χroət beər]
Estrela Polar (f)	Poolster	[poəl·stər]
marciano (m)	marsbewoner	[mars·bevonər]
extraterrestre (m)	buiteaardse wese	[bœitə·ãrdsə vesə]

alienígena (m)	ruimtewese	[rœimtə·vesə]
disco (m) voador	vlieënde skottel	[fliɛndə skottəl]
espaçonave (f)	ruimteskip	[rœimtə·skip]
estação (f) orbital	ruimtestasie	[rœimtə·stasi]
lançamento (m)	vertrek	[fertrek]
motor (m)	enjin	[ɛndʒin]
bocal (m)	uitlaatpyp	[œitlãt·pajp]
combustível (m)	brandstof	[brantstof]
cabine (f)	stuurkajuit	[stɪr·kajœit]
antena (f)	lugdraad	[luχdrãt]
vigia (f)	patryspoort	[patrajs·poərt]
bateria (f) solar	sonpaneel	[son·paneəl]
traje (m) espacial	ruimtepak	[rœimtə·pak]
imponderabilidade (f)	gewigloosheid	[χeviχloəshæjt]
oxigênio (m)	suurstof	[sɪrstof]
acoplagem (f)	koppeling	[koppeliŋ]
fazer uma acoplagem	koppel	[koppəl]
observatório (m)	observatorium	[observatorium]
telescópio (m)	teleskoop	[teleskoəp]
observar (vt)	waarneem	[vãrneəm]
explorar (vt)	eksploreer	[ɛksploreər]

165. A Terra

Terra (f)	die Aarde	[di ãrdə]
globo terrestre (Terra)	die aardbol	[di ãrdbol]
planeta (m)	planeet	[planeət]
atmosfera (f)	atmosfeer	[atmosfeər]
geografia (f)	geografie	[χeoχrafi]
natureza (f)	natuur	[natɪr]
globo (mapa esférico)	aardbol	[ãrd·bol]
mapa (m)	kaart	[kãrt]
atlas (m)	atlas	[atlas]
Europa (f)	Europa	[øəropa]
Ásia (f)	Asië	[asiɛ]
África (f)	Afrika	[afrika]
Austrália (f)	Australië	[ɔustraliɛ]
América (f)	Amerika	[amerika]
América (f) do Norte	Noord-Amerika	[noərd-amerika]
América (f) do Sul	Suid-Amerika	[sœid-amerika]
Antártida (f)	Suidpool	[sœid·poəl]
Ártico (m)	Noordpool	[noərd·poəl]

166. Pontos cardeais

norte (m)	noorde	[noərdə]
para norte	na die noorde	[na di noərdə]
no norte	in die noorde	[in di noərdə]
do norte (adj)	noordelik	[noərdəlik]
sul (m)	suide	[sœidə]
para sul	na die suide	[na di sœidə]
no sul	in die suide	[in di sœidə]
do sul (adj)	suidelik	[sœidəlik]
oeste, ocidente (m)	weste	[vestə]
para oeste	na die weste	[na di vestə]
no oeste	in die weste	[in di vestə]
ocidental (adj)	westelik	[vestelik]
leste, oriente (m)	ooste	[oəstə]
para leste	na die ooste	[na di oəstə]
no leste	in die ooste	[in di oəstə]
oriental (adj)	oostelik	[oəstəlik]

167. Mar. Oceano

mar (m)	see	[seə]
oceano (m)	oseaan	[oseãn]
golfo (m)	golf	[χolf]
estreito (m)	straat	[strãt]
terra (f) firme	land	[lant]
continente (m)	kontinent	[kontinent]
ilha (f)	eiland	[æjlant]
península (f)	skiereiland	[skir·æjlant]
arquipélago (m)	argipel	[arχipəl]
baía (f)	baai	[bãi]
porto (m)	hawe	[havə]
lagoa (f)	strandmeer	[strand·meer]
cabo (m)	kaap	[kãp]
atol (m)	atol	[atol]
recife (m)	rif	[rif]
coral (m)	koraal	[korãl]
recife (m) de coral	koraalrif	[korãl·rif]
profundo (adj)	diep	[dip]
profundidade (f)	diepte	[diptə]
abismo (m)	afgrond	[afχront]
fossa (f) oceânica	trog	[troχ]
corrente (f)	stroming	[stromiŋ]
banhar (vt)	omring	[omriŋ]

litoral (m)	oewer	[uvər]
costa (f)	kus	[kus]
maré (f) alta	hoogwater	[hoəχ·vatər]
refluxo (m)	laagwater	[lāχ·vatər]
restinga (f)	sandbank	[sand·bank]
fundo (m)	bodem	[bodem]
onda (f)	golf	[χolf]
crista (f) da onda	kruin	[krœin]
espuma (f)	skuim	[skœim]
tempestade (f)	storm	[storm]
furacão (m)	orkaan	[orkān]
tsunami (m)	tsunami	[tsunami]
calmaria (f)	windstilte	[vindstiltə]
calmo (adj)	kalm	[kalm]
polo (m)	pool	[poəl]
polar (adj)	polêr	[polær]
latitude (f)	breedtegraad	[breədtə·χrāt]
longitude (f)	lengtegraad	[leŋtə·χrāt]
paralela (f)	parallel	[paralləl]
equador (m)	ewenaar	[ɛvenār]
céu (m)	hemel	[heməl]
horizonte (m)	horison	[horison]
ar (m)	lug	[luχ]
farol (m)	vuurtoring	[fɪrtoriŋ]
mergulhar (vi)	duik	[dœik]
afundar-se (vr)	sink	[sink]
tesouros (m pl)	skatte	[skattə]

168. Montanhas

montanha (f)	berg	[berχ]
cordilheira (f)	bergreeks	[berχ·reəks]
serra (f)	bergrug	[berχ·ruχ]
cume (m)	top	[top]
pico (m)	piek	[pik]
pé (m)	voet	[fut]
declive (m)	helling	[hɛlliŋ]
vulcão (m)	vulkaan	[fulkān]
vulcão (m) ativo	aktiewe vulkaan	[aktivə fulkān]
vulcão (m) extinto	rustende vulkaan	[rustendə fulkān]
erupção (f)	uitbarsting	[œitbarstiŋ]
cratera (f)	krater	[kratər]
magma (m)	magma	[maχma]
lava (f)	lawa	[lava]

fundido (lava ~a)	gloeiende	[χlujendə]
cânion, desfiladeiro (m)	diepkloof	[dip·kloəf]
garganta (f)	kloof	[kloəf]
fenda (f)	skeur	[skøər]
precipício (m)	afgrond	[afχront]
passo, colo (m)	bergpas	[berχ·pas]
planalto (m)	plato	[plato]
falésia (f)	krans	[kraŋs]
colina (f)	kop	[kop]
geleira (f)	gletser	[χletsər]
cachoeira (f)	waterval	[vatər·fal]
gêiser (m)	geiser	[χæjsər]
lago (m)	meer	[meər]
planície (f)	vlakte	[flaktə]
paisagem (f)	landskap	[landskap]
eco (m)	eggo	[ɛχχo]
alpinista (m)	alpinis	[alpinis]
escalador (m)	bergklimmer	[berχ·klimmər]
conquistar (vt)	baasraak	[bãsrãk]
subida, escalada (f)	beklimming	[beklimmiŋ]

169. Rios

rio (m)	rivier	[rifir]
fonte, nascente (f)	bron	[bron]
leito (m) de rio	rivierbed	[rifir·bet]
bacia (f)	stroomgebied	[stroəm·χebit]
desaguar no ...	uitmond in ...	[œitmont in ...]
afluente (m)	syrivier	[saj·rifir]
margem (do rio)	oewer	[uvər]
corrente (f)	stroming	[stromiŋ]
rio abaixo	stroomafwaarts	[stroəm·afvãrts]
rio acima	stroomopwaarts	[stroəm·opvãrts]
inundação (f)	oorstroming	[oərstromiŋ]
cheia (f)	oorstroming	[oərstromiŋ]
transbordar (vi)	oor sy walle loop	[oər saj vallə loəp]
inundar (vt)	oorstroom	[oərstroəm]
banco (m) de areia	sandbank	[sand·bank]
corredeira (f)	stroomversnellings	[stroəm·fersnɛlliŋs]
barragem (f)	damwal	[dam·wal]
canal (m)	kanaal	[kanãl]
reservatório (m) de água	opgaardam	[opχãr·dam]
eclusa (f)	sluis	[slœis]
corpo (m) de água	dam	[dam]
pântano (m)	moeras	[muras]

lamaçal (m)	**vlei**	[flæj]
redemoinho (m)	**draaikolk**	[drãj·kolk]
riacho (m)	**spruit**	[sprœit]
potável (adj)	**drink-**	[drink-]
doce (água)	**vars**	[fars]
gelo (m)	**ys**	[ajs]
congelar-se (vr)	**bevries**	[befris]

170. Floresta

floresta (f), bosque (m)	**bos**	[bos]
florestal (adj)	**bos-**	[bos-]
mata (f) fechada	**woud**	[væʊt]
arvoredo (m)	**boord**	[boərt]
clareira (f)	**oopte**	[oəptə]
matagal (m)	**struikgewas**	[strœik·χevas]
mato (m), caatinga (f)	**struikveld**	[strœik·fɛlt]
pequena trilha (f)	**paadjie**	[pãdʒi]
ravina (f)	**donga**	[donχa]
árvore (f)	**boom**	[boəm]
folha (f)	**blaar**	[blãr]
folhagem (f)	**blare**	[blarə]
queda (f) das folhas	**val van die blare**	[fal fan di blarə]
cair (vi)	**val**	[fal]
topo (m)	**boomtop**	[boəm·top]
ramo (m)	**tak**	[tak]
galho (m)	**tak**	[tak]
botão (m)	**knop**	[knop]
agulha (f)	**naald**	[nãlt]
pinha (f)	**dennebol**	[dɛnnə·bol]
buraco (m) de árvore	**holte**	[holtə]
ninho (m)	**nes**	[nes]
toca (f)	**gat**	[χat]
tronco (m)	**stam**	[stam]
raiz (f)	**wortel**	[vortəl]
casca (f) de árvore	**bas**	[bas]
musgo (m)	**mos**	[mos]
arrancar pela raiz	**ontwortel**	[ontwortəl]
cortar (vt)	**omkap**	[omkap]
desflorestar (vt)	**ontbos**	[ontbos]
toco, cepo (m)	**boomstomp**	[boəm·stomp]
fogueira (f)	**kampvuur**	[kampfɪr]
incêndio (m) florestal	**bosbrand**	[bos·brant]

apagar (vt)	blus	[blus]
guarda-parque (m)	boswagter	[bos·waχtər]
proteção (f)	beskerming	[beskermiŋ]
proteger (a natureza)	beskerm	[beskerm]
caçador (m) furtivo	wildstroper	[vilt·stropər]
armadilha (f)	slagyster	[slaχ·ajstər]

colher (cogumelos, bagas)	pluk	[pluk]
perder-se (vr)	verdwaal	[ferdwāl]

171. Recursos naturais

recursos (m pl) naturais	natuurlike bronne	[natɪrlikə bronnə]
minerais (m pl)	minerale	[mineralə]
depósitos (m pl)	lae	[laə]
jazida (f)	veld	[fɛlt]

extrair (vt)	myn	[majn]
extração (f)	myn	[majn]
minério (m)	erts	[ɛrts]
mina (f)	myn	[majn]
poço (m) de mina	mynskag	[majn·skaχ]
mineiro (m)	mynwerker	[majn·werkər]

gás (m)	gas	[χas]
gasoduto (m)	gaspyp	[χas·pajp]

petróleo (m)	olie	[oli]
oleoduto (m)	olipypleiding	[oli·pajp·læjdiŋ]
poço (m) de petróleo	oliebron	[oli·bron]
torre (f) petrolífera	boortoring	[boər·toriŋ]
petroleiro (m)	tenkskip	[tɛnk·skip]
areia (f)	sand	[sant]
calcário (m)	kalksteen	[kalksteən]
cascalho (m)	gruis	[χrœis]
turfa (f)	veengrond	[feənχront]
argila (f)	klei	[klæj]
carvão (m)	steenkool	[steən·koəl]

ferro (m)	yster	[ajstər]
ouro (m)	goud	[χæʊt]
prata (f)	silwer	[silwər]
níquel (m)	nikkel	[nikkəl]
cobre (m)	koper	[kopər]

zinco (m)	sink	[sink]
manganês (m)	mangaan	[manχān]
mercúrio (m)	kwik	[kwik]
chumbo (m)	lood	[loət]

mineral (m)	mineraal	[minerāl]
cristal (m)	kristal	[kristal]
mármore (m)	marmer	[marmər]
urânio (m)	uraan	[urān]

A Terra. Parte 2

172. Tempo

tempo (m)	weer	[veər]
previsão (f) do tempo	weersvoorspelling	[veərs·foərspɛliŋ]
temperatura (f)	temperatuur	[temperatɪr]
termômetro (m)	termometer	[termometər]
barômetro (m)	barometer	[barometər]
úmido (adj)	klam	[klam]
umidade (f)	vogtigheid	[foχtiχæjt]
calor (m)	hitte	[hittə]
tórrido (adj)	heet	[heət]
está muito calor	dis vrekwarm	[dis frekvarm]
está calor	dit is warm	[dit is varm]
quente (morno)	louwarm	[læʊvarm]
está frio	dis koud	[dis kæʊt]
frio (adj)	koud	[kæʊt]
sol (m)	son	[son]
brilhar (vi)	skyn	[skajn]
de sol, ensolarado	sonnig	[sonnəχ]
nascer (vi)	opkom	[opkom]
pôr-se (vr)	ondergaan	[ondərχãn]
nuvem (f)	wolk	[volk]
nublado (adj)	bewolk	[bevolk]
nuvem (f) preta	reënwolk	[rɛɛn·wolk]
escuro, cinzento (adj)	somber	[sombər]
chuva (f)	reën	[rɛɛn]
está a chover	dit reën	[dit rɛɛn]
chuvoso (adj)	reënerig	[rɛɛnerəχ]
chuviscar (vi)	motreën	[motrɛɛn]
chuva (f) torrencial	stortbui	[stortbœi]
aguaceiro (m)	reënvlaag	[rɛɛn·flãχ]
forte (chuva, etc.)	swaar	[swãr]
poça (f)	poeletjie	[puləki]
molhar-se (vr)	nat word	[nat vort]
nevoeiro (m)	mis	[mis]
de nevoeiro	mistig	[mistəχ]
neve (f)	sneeu	[sniʊ]
está nevando	dit sneeu	[dit sniʊ]

173. Tempo extremo. Catástrofes naturais

trovoada (f)	donderstorm	[dondər·storm]
relâmpago (m)	weerlig	[veərləχ]
relampejar (vi)	flits	[flits]

trovão (m)	donder	[dondər]
trovejar (vi)	donder	[dondər]
está trovejando	dit donder	[dit dondər]

| granizo (m) | hael | [haəl] |
| está caindo granizo | dit hael | [dit haəl] |

| inundar (vt) | oorstroom | [oərstroəm] |
| inundação (f) | oorstroming | [oərstromiŋ] |

terremoto (m)	aardbewing	[ārd·beviŋ]
abalo, tremor (m)	aardskok	[ārd·skok]
epicentro (m)	episentrum	[ɛpisentrum]

| erupção (f) | uitbarsting | [œitbarstiŋ] |
| lava (f) | lawa | [lava] |

| tornado (m) | tornado | [tornado] |
| tufão (m) | tifoon | [tifoən] |

furacão (m)	orkaan	[orkān]
tempestade (f)	storm	[storm]
tsunami (m)	tsunami	[tsunami]

ciclone (m)	sikloon	[sikloən]
mau tempo (m)	slegte weer	[sleχtə veər]
incêndio (m)	brand	[brant]
catástrofe (f)	ramp	[ramp]
meteorito (m)	meteoriet	[meteorit]

avalanche (f)	lawine	[lavinə]
deslizamento (m) de neve	sneeulawine	[sniʊ·lavinə]
nevasca (f)	sneeustorm	[sniʊ·storm]
tempestade (f) de neve	sneeustorm	[sniʊ·storm]

Fauna

174. Mamíferos. Predadores

predador (m)	roofdier	[roəf·dir]
tigre (m)	tier	[tir]
leão (m)	leeu	[liʊ]
lobo (m)	wolf	[volf]
raposa (f)	vos	[fos]
jaguar (m)	jaguar	[jaχuar]
leopardo (m)	luiperd	[lœipert]
chita (f)	jagluiperd	[jaχ·lœipert]
pantera (f)	swart luiperd	[swart lœipert]
puma (m)	poema	[puma]
leopardo-das-neves (m)	sneeuluiperd	[sniʊ·lœipert]
lince (m)	los	[los]
coiote (m)	prêriewolf	[præri·volf]
chacal (m)	jakkals	[jakkals]
hiena (f)	hiëna	[hiɛna]

175. Animais selvagens

animal (m)	dier	[dir]
besta (f)	beest	[beəst]
esquilo (m)	eekhoring	[eekhoriŋ]
ouriço (m)	krimpvarkie	[krimpfarki]
lebre (f)	hasie	[hasi]
coelho (m)	konyn	[konajn]
texugo (m)	das	[das]
guaxinim (m)	wasbeer	[vasbeər]
hamster (m)	hamster	[hamstər]
marmota (f)	marmot	[marmot]
toupeira (f)	mol	[mol]
rato (m)	muis	[mœis]
ratazana (f)	rot	[rot]
morcego (m)	vlermuis	[fler·mœis]
arminho (m)	hermelyn	[herməlajn]
zibelina (f)	sabel, sabeldier	[sabəl], [sabəl·dir]
marta (f)	marter	[martər]
doninha (f)	wesel	[vesəl]
visom (m)	nerts	[nerts]

castor (m)	bewer	[bevər]
lontra (f)	otter	[ottər]
cavalo (m)	perd	[pert]
alce (m)	eland	[ɛlant]
veado (m)	hert	[hert]
camelo (m)	kameel	[kameəl]
bisão (m)	bison	[bison]
auroque (m)	wisent	[visent]
búfalo (m)	buffel	[buffəl]
zebra (f)	sebra, kwagga	[sebra], [kwaχχa]
antílope (m)	wildsbok	[vilds·bok]
corça (f)	reebok	[reəbok]
gamo (m)	damhert	[damhert]
camurça (f)	gems	[χems]
javali (m)	wildevark	[vildə·fark]
baleia (f)	walvis	[valfis]
foca (f)	seehond	[seə·hont]
morsa (f)	walrus	[valrus]
urso-marinho (m)	seebeer	[seə·beər]
golfinho (m)	dolfyn	[dolfajn]
urso (m)	beer	[beər]
urso (m) polar	ysbeer	[ajs·beər]
panda (m)	panda	[panda]
macaco (m)	aap	[ãp]
chimpanzé (m)	sjimpansee	[ʃimpaŋseə]
orangotango (m)	orangoetang	[oranχutaŋ]
gorila (m)	gorilla	[χorilla]
macaco (m)	makaak	[makãk]
gibão (m)	gibbon	[χibbon]
elefante (m)	olifant	[olifant]
rinoceronte (m)	renoster	[renostər]
girafa (f)	kameelperd	[kameəl·pert]
hipopótamo (m)	seekoei	[seə·kui]
canguru (m)	kangaroe	[kanχaru]
coala (m)	koala	[koala]
mangusto (m)	muishond	[mœis·hont]
chinchila (f)	chinchilla, tjintjilla	[tʃin·tʃila]
cangambá (f)	stinkmuishond	[stinkmœis·hont]
porco-espinho (m)	ystervark	[ajstər·fark]

176. Animais domésticos

gata (f)	kat	[kat]
gato (m) macho	kater	[katər]
cão (m)	hond	[hont]

cavalo (m)	perd	[pert]
garanhão (m)	hings	[hiŋs]
égua (f)	merrie	[merri]

vaca (f)	koei	[kui]
touro (m)	bul	[bul]
boi (m)	os	[os]

ovelha (f)	skaap	[skāp]
carneiro (m)	ram	[ram]
cabra (f)	bok	[bok]
bode (m)	bokram	[bok·ram]

burro (m)	donkie, esel	[donki], [eisəl]
mula (f)	muil	[mœil]

porco (m)	vark	[fark]
leitão (m)	varkie	[farki]
coelho (m)	konyn	[konajn]

galinha (f)	hoender, hen	[hundər], [hen]
galo (m)	haan	[hān]

pata (f), pato (m)	eend	[eent]
pato (m)	mannetjieseend	[mannəkis·eent]
ganso (m)	gans	[χaŋs]

peru (m)	kalkoenmannetjie	[kalkun·mannəki]
perua (f)	kalkoen	[kalkun]

animais (m pl) domésticos	huisdiere	[hœis·dirə]
domesticado (adj)	mak	[mak]
domesticar (vt)	mak maak	[mak māk]
criar (vt)	teel	[teəl]

fazenda (f)	plaas	[plās]
aves (f pl) domésticas	pluimvee	[plœimfeə]
gado (m)	beeste	[beəstə]
rebanho (m), manada (f)	kudde	[kuddə]

estábulo (m)	stal	[stal]
chiqueiro (m)	varkstal	[fark·stal]
estábulo (m)	koeistal	[kui·stal]
coelheira (f)	konynehok	[konajnə·hok]
galinheiro (m)	hoenderhok	[hundər·hok]

177. Cães. Raças de cães

cão (m)	hond	[hont]
cão pastor (m)	herdershond	[herdərs·hont]
pastor-alemão (m)	Duitse herdershond	[dœitsə herdərs·hont]
poodle (m)	poedel	[pudəl]
linguicinha (m)	worshond	[vors·hont]
buldogue (m)	bulhond	[bul·hont]

boxer (m)	bokser	[boksər]
mastim (m)	mastiff	[mastif]
rottweiler (m)	Rottweiler	[rottwæjlər]
dóberman (m)	Dobermann	[dobermann]
basset (m)	basset	[basset]
pastor inglês (m)	bobtail	[bobtajl]
dálmata (m)	Dalmatiese hond	[dalmatisə hont]
cocker spaniel (m)	sniphond	[snip·hont]
terra-nova (m)	Newfoundlander	[njufæʊntlandər]
são-bernardo (m)	Sint Bernard	[sint bernart]
husky (m) siberiano	poolhond, husky	[pulhont], [huski]
Chow-chow (m)	chowchow	[tʃau·tʃau]
spitz alemão (m)	spitshond	[spits·hont]
pug (m)	mopshond	[mops·hont]

178. Sons produzidos pelos animais

latido (m)	geblaf	[χeblaf]
latir (vi)	blaf	[blaf]
miar (vi)	miaau	[miãu]
ronronar (vi)	spin	[spin]
mugir (vaca)	loei	[lui]
bramir (touro)	bulk	[bulk]
rosnar (vi)	grom	[χrom]
uivo (m)	gehuil	[χehœil]
uivar (vi)	huil	[hœil]
ganir (vi)	tjank	[tʃank]
balir (vi)	blêr	[blær]
grunhir (vi)	snork	[snork]
guinchar (vi)	gil	[χil]
coaxar (sapo)	kwaak	[kwãk]
zumbir (inseto)	zoem	[zum]
ziziar (vi)	kriek	[krik]

179. Pássaros

pássaro (m), ave (f)	voël	[foɛl]
pombo (m)	duif	[dœif]
pardal (m)	mossie	[mossi]
chapim-real (m)	mees	[meəs]
pega-rabuda (f)	ekster	[ɛkstər]
corvo (m)	raaf	[rãf]
gralha-cinzenta (f)	kraai	[krãi]
gralha-de-nuca-cinzenta (f)	kerkkraai	[kerk·krãi]

gralha-calva (f)	**roek**	[ruk]
pato (m)	**eend**	[eent]
ganso (m)	**gans**	[χaŋs]
faisão (m)	**fisant**	[fisant]
águia (f)	**arend**	[arɛnt]
açor (m)	**sperwer**	[sperwər]
falcão (m)	**valk**	[falk]
abutre (m)	**aasvoël**	[āsfoɛl]
condor (m)	**kondor**	[kondor]
cisne (m)	**swaan**	[swān]
grou (m)	**kraanvoël**	[krān·foɛl]
cegonha (f)	**ooievaar**	[ojefār]
papagaio (m)	**papegaai**	[papəχāi]
beija-flor (m)	**kolibrie**	[kolibri]
pavão (m)	**pou**	[pæʊ]
avestruz (m)	**volstruis**	[folstrœis]
garça (f)	**reier**	[ræjer]
flamingo (m)	**flamink**	[flamink]
pelicano (m)	**pelikaan**	[pelikān]
rouxinol (m)	**nagtegaal**	[naχteχāl]
andorinha (f)	**swael**	[swaəl]
tordo-zornal (m)	**lyster**	[lajstər]
tordo-músico (m)	**sanglyster**	[saŋlajstər]
melro-preto (m)	**merel**	[merəl]
andorinhão (m)	**windswael**	[vindswaəl]
cotovia (f)	**lewerik**	[leverik]
codorna (f)	**kwartel**	[kwartəl]
pica-pau (m)	**speg**	[speχ]
cuco (m)	**koekoek**	[kukuk]
coruja (f)	**uil**	[œil]
bufo-real (m)	**ooruil**	[oərœil]
tetraz-grande (m)	**auerhoen**	[ɔuer·hun]
tetraz-lira (m)	**korhoen**	[korhun]
perdiz-cinzenta (f)	**patrys**	[patrajs]
estorninho (m)	**spreeu**	[spriʊ]
canário (m)	**kanarie**	[kanari]
galinha-do-mato (f)	**bonasa hoen**	[bonasa hun]
tentilhão (m)	**gryskoppie**	[χrajskoppi]
dom-fafe (m)	**bloedvink**	[bludfink]
gaivota (f)	**seemeeu**	[seəmiʊ]
albatroz (m)	**albatros**	[albatros]
pinguim (m)	**pikkewyn**	[pikkəvajn]

180. Pássaros. Canto e sons

cantar (vi)	**fluit**	[flœit]
gritar, chamar (vi)	**roep**	[rup]
cantar (o galo)	**kraai**	[krãi]
cocorocó (m)	**koekelekoe**	[kukeleku]
cacarejar (vi)	**kekkel**	[kɛkkəl]
crocitar (vi)	**kras**	[kras]
grasnar (vi)	**kwaak**	[kwãk]
piar (vi)	**piep**	[pip]
chilrear, gorjear (vi)	**tjilp**	[ʧilp]

181. Peixes. Animais marinhos

brema (f)	**brasem**	[brasem]
carpa (f)	**karp**	[karp]
perca (f)	**baars**	[bãrs]
siluro (m)	**katvis, seebaber**	[katfis], [see·babər]
lúcio (m)	**snoek**	[snuk]
salmão (m)	**salm**	[salm]
esturjão (m)	**steur**	[støər]
arenque (m)	**haring**	[hariŋ]
salmão (m) do Atlântico	**atlantiese salm**	[atlantisə salm]
cavala, sarda (f)	**makriel**	[makril]
solha (f), linguado (m)	**platvis**	[platfis]
lúcio perca (m)	**varswatersnoek**	[farswatər·snuk]
bacalhau (m)	**kabeljou**	[kabeljæʊ]
atum (m)	**tuna**	[tuna]
truta (f)	**forel**	[forəl]
enguia (f)	**paling**	[paliŋ]
raia (f) elétrica	**drilvis**	[drilfis]
moreia (f)	**bontpaling**	[bontpaliŋ]
piranha (f)	**piranha**	[piranha]
tubarão (m)	**haai**	[hãi]
golfinho (m)	**dolfyn**	[dolfajn]
baleia (f)	**walvis**	[valfis]
caranguejo (m)	**krap**	[krap]
água-viva (f)	**jellievis**	[jelli·fis]
polvo (m)	**seekat**	[see·kat]
estrela-do-mar (f)	**seester**	[see·stər]
ouriço-do-mar (m)	**see-egel, seekastaiing**	[see·eχel], [see·kastajiŋ]
cavalo-marinho (m)	**seeperdjie**	[see·perdʒi]
ostra (f)	**oester**	[ustər]
camarão (m)	**garnaal**	[χarnãl]

| lagosta (f) | kreef | [kreəf] |
| lagosta (f) | seekreef | [seə·kreəf] |

182. Anfíbios. Répteis

| cobra (f) | slang | [slaŋ] |
| venenoso (adj) | giftig | [xiftəx] |

víbora (f)	adder	[addər]
naja (f)	kobra	[kobra]
píton (m)	luislang	[lœislaŋ]
jiboia (f)	boa, konstriktorslang	[boa], [koŋstriktor·slaŋ]

cobra-de-água (f)	ringslang	[riŋ·slaŋ]
cascavel (f)	ratelslang	[ratəl·slaŋ]
anaconda (f)	anakonda	[anakonda]

lagarto (m)	akkedis	[akkedis]
iguana (f)	leguaan	[lexuãn]
varano (m)	likkewaan	[likkevãn]
salamandra (f)	salamander	[salamandər]
camaleão (m)	verkleurmannetjie	[ferkløər·manneki]
escorpião (m)	skerpioen	[skerpiun]

tartaruga (f)	skilpad	[skilpat]
rã (f)	padda	[padda]
sapo (m)	brulpadda	[brul·padda]
crocodilo (m)	krokodil	[krokodil]

183. Insetos

inseto (m)	insek	[insek]
borboleta (f)	skoenlapper	[skunlappər]
formiga (f)	mier	[mir]
mosca (f)	vlieg	[flix]
mosquito (m)	muskiet	[muskit]
escaravelho (m)	kewer	[kevər]

vespa (f)	perdeby	[perdə·baj]
abelha (f)	by	[baj]
mamangaba (f)	hommelby	[homməl·baj]
moscardo (m)	perdevlieg	[perdə·flix]

| aranha (f) | spinnekop | [spinnə·kop] |
| teia (f) de aranha | spinnerak | [spinnə·rak] |

libélula (f)	naaldekoker	[nãldə·kokər]
gafanhoto (m)	sprinkaan	[sprinkãn]
traça (f)	mot	[mot]

| barata (f) | kakkerlak | [kakkerlak] |
| carrapato (m) | bosluis | [boslœis] |

| pulga (f) | vlooi | [floj] |
| borrachudo (m) | muggie | [muχχi] |

gafanhoto (m)	treksprinkhaan	[trek·sprinkhān]
caracol (m)	slak	[slak]
grilo (m)	kriek	[krik]
pirilampo, vaga-lume (m)	vuurvliegie	[fɪrfliχi]
joaninha (f)	lieweheersbesie	[liveheers·besi]
besouro (m)	lentekewer	[lentekevər]

sanguessuga (f)	bloedsuier	[blud·sœiər]
lagarta (f)	ruspe	[ruspə]
minhoca (f)	erdwurm	[ɛrd·vurm]
larva (f)	larwe	[larvə]

184. Animais. Partes do corpo

bico (m)	snawel	[snavəl]
asas (f pl)	vlerke	[flerkə]
pata (f)	poot	[poet]
plumagem (f)	vere	[ferə]
pena, pluma (f)	veer	[feər]
crista (f)	kuif	[kœif]

brânquias, guelras (f pl)	kiewe	[kivə]
ovas (f pl)	viseiers	[fisæejers]
larva (f)	larwe	[larvə]
barbatana (f)	vin	[fin]
escama (f)	skubbe	[skubbə]

presa (f)	slagtand	[slaχtant]
pata (f)	poot	[poet]
focinho (m)	muil	[mœil]
boca (f)	bek	[bek]
cauda (f), rabo (m)	stert	[stert]
bigodes (m pl)	snor	[snor]

| casco (m) | hoef | [huf] |
| corno (m) | horing | [horiŋ] |

carapaça (f)	rugdop	[ruχdop]
concha (f)	skulp	[skulp]
casca (f) de ovo	eierdop	[æejer·dop]

| pelo (m) | pels | [pɛls] |
| pele (f), couro (m) | vel | [fəl] |

185. Animais. Habitats

hábitat (m)	habitat	[habitat]
migração (f)	migrasie	[miχrasi]
montanha (f)	berg	[berχ]

recife (m)	**rif**	[rif]
falésia (f)	**rots**	[rots]
floresta (f)	**woud**	[væʊt]
selva (f)	**oerwoud**	[urwæʊt]
savana (f)	**veld**	[fɛlt]
tundra (f)	**toendra**	[tundra]
estepe (f)	**steppe**	[stɛppə]
deserto (m)	**woestyn**	[vustajn]
oásis (m)	**oase**	[oasə]
mar (m)	**see**	[seə]
lago (m)	**meer**	[meər]
oceano (m)	**oseaan**	[oseān]
pântano (m)	**moeras**	[muras]
de água doce	**varswater**	[fars·vatər]
lagoa (f)	**dam**	[dam]
rio (m)	**rivier**	[rifir]
toca (f) do urso	**hol**	[hol]
ninho (m)	**nes**	[nes]
buraco (m) de árvore	**holte**	[holtə]
toca (f)	**gat**	[χat]
formigueiro (m)	**miershoop**	[mirs·hoəp]

Flora

186. Árvores

árvore (f)	boom	[boəm]
decídua (adj)	bladwisselend	[bladwisselent]
conífera (adj)	kegeldraend	[keχɛldraent]
perene (adj)	immergroen	[immərχrun]
macieira (f)	appelboom	[appɛl·boəm]
pereira (f)	peerboom	[peər·boəm]
cerejeira (f)	soetkersieboom	[sutkersi·boəm]
ginjeira (f)	suurkersieboom	[sɪrkersi·boəm]
ameixeira (f)	pruimeboom	[prœimə·boəm]
bétula (f)	berk	[berk]
carvalho (m)	eik	[æjk]
tília (f)	lindeboom	[lində·boəm]
choupo-tremedor (m)	trilpopulier	[trilpopulir]
bordo (m)	esdoring	[ɛsdoriŋ]
espruce (m)	spar	[spar]
pinheiro (m)	denneboom	[dɛnnə·boəm]
alerce, lariço (m)	lorkeboom	[lorkə·boəm]
abeto (m)	den	[den]
cedro (m)	seder	[sedər]
choupo, álamo (m)	populier	[populir]
tramazeira (f)	lysterbessie	[lajstərbɛssi]
salgueiro (m)	wilger	[vilχər]
amieiro (m)	els	[ɛls]
faia (f)	beuk	[bøək]
ulmeiro, olmo (m)	olm	[olm]
freixo (m)	esboom	[ɛs·boəm]
castanheiro (m)	kastaiing	[kastajiŋ]
magnólia (f)	magnolia	[maχnolia]
palmeira (f)	palm	[palm]
cipreste (m)	sipres	[sipres]
mangue (m)	wortelboom	[vortəl·boəm]
embondeiro, baobá (m)	kremetart	[kremetart]
eucalipto (m)	bloekom	[blukom]
sequoia (f)	mammoetboom	[mammut·boəm]

187. Arbustos

arbusto (m)	struik	[strœik]
arbusto (m), moita (f)	bossie	[bossi]

| videira (f) | wingerdstok | [viŋərd·stok] |
| vinhedo (m) | wingerd | [viŋərt] |

framboeseira (f)	framboosstruik	[framboəs·strœik]
groselheira-negra (f)	swartbessiestruik	[swartbɛssi·strœik]
groselheira-vermelha (f)	rooi aalbessiestruik	[roj ālbɛssi·strœik]
groselheira (f) espinhosa	appelliefiestruik	[appɛllifi·strœik]

acácia (f)	akasia	[akasia]
bérberis (f)	suurbessie	[sɪr·bɛssi]
jasmim (m)	jasmyn	[jasmajn]

junípero (m)	jenewer	[jenevər]
roseira (f)	roosstruik	[roəs·strœik]
roseira (f) brava	hondsroos	[honds·roəs]

188. Cogumelos

cogumelo (m)	paddastoel	[paddastul]
cogumelo (m) comestível	eetbare paddastoel	[eətbarə paddastul]
cogumelo (m) venenoso	giftige paddastoel	[χiftiχə paddastul]
chapéu (m)	hoed	[hut]
pé, caule (m)	steel	[steəl]

boleto, porcino (m)	Eetbare boleet	[eətbarə boleət]
boleto (m) alaranjado	rooihoed	[rojhut]
boleto (m) de bétula	berkboleet	[berk·boleət]
cantarelo (m)	dooierswam	[dojer·swam]
rússula (f)	russula	[russula]

morchella (f)	morielje	[morilje]
agário-das-moscas (m)	vlieëswam	[fliɛ·swam]
cicuta (f) verde	duiwelsbrood	[dœivɛls·broət]

189. Frutos. Bagas

| fruta (f) | vrug | [fruχ] |
| frutas (f pl) | vrugte | [fruχtə] |

maçã (f)	appel	[appəl]
pera (f)	peer	[peər]
ameixa (f)	pruim	[prœim]

morango (m)	aarbei	[ãrbæj]
ginja (f)	suurkersie	[sɪr·kersi]
cereja (f)	soetkersie	[sut·kersi]
uva (f)	druif	[drœif]

framboesa (f)	framboos	[framboəs]
groselha (f) negra	swartbessie	[swartbɛssi]
groselha (f) vermelha	rooi aalbessie	[roj ālbɛssi]
groselha (f) espinhosa	appelliefie	[appɛllifi]

oxicoco (m)	bosbessie	[bosbɛssi]
laranja (f)	lemoen	[lemun]
tangerina (f)	nartjie	[narki]
abacaxi (m)	pynappel	[pajnappəl]
banana (f)	piesang	[pisaŋ]
tâmara (f)	dadel	[dadəl]
limão (m)	suurlemoen	[sɪr·lemun]
damasco (m)	appelkoos	[appɛlkoəs]
pêssego (m)	perske	[perskə]
quiuí (m)	kiwi, kiwivrug	[kivi], [kivi·fruχ]
toranja (f)	pomelo	[pomelo]
baga (f)	bessie	[bɛssi]
bagas (f pl)	bessies	[bɛssis]
arando (m) vermelho	pryselbessie	[prajsɛlbɛssi]
morango-silvestre (m)	wilde aarbei	[vildə ārbæj]
mirtilo (m)	bloubessie	[blæʊbɛssi]

190. Flores. Plantas

flor (f)	blom	[blom]
buquê (m) de flores	boeket	[buket]
rosa (f)	roos	[roəs]
tulipa (f)	tulp	[tulp]
cravo (m)	angelier	[anχəlir]
gladíolo (m)	swaardlelie	[swārd·leli]
centáurea (f)	koringblom	[koriŋblom]
campainha (f)	grasklokkie	[χras·klokki]
dente-de-leão (m)	perdeblom	[perdə·blom]
camomila (f)	kamille	[kamillə]
aloé (m)	aalwyn	[ālwajn]
cacto (m)	kaktus	[kaktus]
fícus (m)	rubberplant	[rubbər·plant]
lírio (m)	lelie	[leli]
gerânio (m)	malva	[malfa]
jacinto (m)	hiasint	[hiasint]
mimosa (f)	mimosa	[mimosa]
narciso (m)	narsing	[narsiŋ]
capuchinha (f)	kappertjie	[kapperki]
orquídea (f)	orgidee	[orχideə]
peônia (f)	pinksterroos	[pinkstər·roəs]
violeta (f)	viooltjie	[fioəlki]
amor-perfeito (m)	gesiggie	[χesiχi]
não-me-esqueças (m)	vergeet-my-nietjie	[ferχeət-maj-niki]
margarida (f)	madeliefie	[madelifi]
papoula (f)	papawer	[papavər]

cânhamo (m)	hennep	[hɛnnəp]
hortelã, menta (f)	kruisement	[krœisəment]
lírio-do-vale (m)	dallelie	[dalleli]
campânula-branca (f)	sneeuklokkie	[sniʊ·klokki]
urtiga (f)	brandnetel	[brant·netəl]
azedinha (f)	veldsuring	[fɛltsuriŋ]
nenúfar (m)	waterlelie	[vatər·leli]
samambaia (f)	varing	[fariŋ]
líquen (m)	korsmos	[korsmos]
estufa (f)	broeikas	[bruikas]
gramado (m)	grasperk	[xras·perk]
canteiro (m) de flores	blombed	[blom·bet]
planta (f)	plant	[plant]
grama (f)	gras	[xras]
folha (f) de grama	grasspriet	[xras·sprit]
folha (f)	blaar	[blãr]
pétala (f)	kroonblaar	[kroən·blãr]
talo (m)	stingel	[stiŋəl]
tubérculo (m)	knol	[knol]
broto, rebento (m)	saailing	[sãjliŋ]
espinho (m)	doring	[doriŋ]
florescer (vi)	bloei	[blui]
murchar (vi)	verlep	[ferlep]
cheiro (m)	reuk	[røək]
cortar (flores)	sny	[snaj]
colher (uma flor)	pluk	[pluk]

191. Cereais, grãos

grão (m)	graan	[xrãn]
cereais (plantas)	graangewasse	[xrãn·xəwassə]
espiga (f)	aar	[ãr]
trigo (m)	koring	[koriŋ]
centeio (m)	rog	[roχ]
aveia (f)	hawer	[havər]
painço (m)	gierst	[xirst]
cevada (f)	gars	[xars]
milho (m)	mielie	[mili]
arroz (m)	rys	[rajs]
trigo-sarraceno (m)	bokwiet	[bokwit]
ervilha (f)	ertjie	[ɛrki]
feijão (m) roxo	nierboon	[nir·boən]
soja (f)	soja	[soja]
lentilha (f)	lensie	[lɛŋsi]
feijão (m)	boontjies	[boənkis]

GEOGRAFIA REGIONAL

Países. Nacionalidades

192. Política. Governo. Parte 1

política (f)	politiek	[politik]
político (adj)	politieke	[politikə]
político (m)	politikus	[politikus]
estado (m)	staat	[stāt]
cidadão (m)	burger	[burgər]
cidadania (f)	burgerskap	[burgərskap]
brasão (m) de armas	nasionale wapen	[naʃionalə vapen]
hino (m) nacional	volkslied	[folkslit]
governo (m)	regering	[reχeriŋ]
Chefe (m) de Estado	staatshoof	[stāts·hoəf]
parlamento (m)	parlement	[parlement]
partido (m)	partij	[partij]
capitalismo (m)	kapitalisme	[kapitalismə]
capitalista (adj)	kapitalis	[kapitalis]
socialismo (m)	sosialisme	[soʃialisme]
socialista (adj)	sosialis	[soʃialis]
comunismo (m)	kommunisme	[kommunismə]
comunista (adj)	kommunis	[kommunis]
comunista (m)	kommunis	[kommunis]
democracia (f)	demokrasie	[demokrasi]
democrata (m)	demokraat	[demokrāt]
democrático (adj)	demokraties	[demokratis]
Partido (m) Democrático	Demokratiese party	[demokratisə partaj]
liberal (m)	liberaal	[liberāl]
liberal (adj)	liberaal	[liberāl]
conservador (m)	konservatief	[kɔŋserfatif]
conservador (adj)	konservatief	[kɔŋserfatif]
república (f)	republiek	[republik]
republicano (m)	republikein	[republikæjn]
Partido (m) Republicano	Republikeinse Party	[republikæjnsə partaj]
eleições (f pl)	verkiesings	[ferkisiŋs]
eleger (vt)	verkies	[ferkis]

| eleitor (m) | kieser | [kisər] |
| campanha (f) eleitoral | verkiesingskampanje | [ferkisiŋs·kampanje] |

votação (f)	stemming	[stɛmmiŋ]
votar (vi)	stem	[stem]
sufrágio (m)	stemreg	[stem·reχ]

| candidato (m) | kandidaat | [kandidāt] |
| campanha (f) | kampanje | [kampanje] |

| da oposição | opposisie | [opposisi] |
| oposição (f) | opposisie | [opposisi] |

visita (f)	besoek	[besuk]
visita (f) oficial	amptelike besoek	[amptelikə besuk]
internacional (adj)	internasionaal	[internaʃionāl]

| negociações (f pl) | onderhandelinge | [ondərhandeliŋə] |
| negociar (vi) | onderhandel | [ondərhandəl] |

193. Política. Governo. Parte 2

sociedade (f)	samelewing	[samelevíŋ]
constituição (f)	grondwet	[χront·wet]
poder (ir para o ~)	mag	[maχ]
corrupção (f)	korrupsie	[korrupsi]

| lei (f) | wet | [vet] |
| legal (adj) | wetlik | [vetlik] |

| justeza (f) | geregtigheid | [χereχtiχæjt] |
| justo (adj) | regverdig | [reχferdəχ] |

comitê (m)	komitee	[komiteə]
projeto-lei (m)	wetsontwerp	[vetsontwerp]
orçamento (m)	begroting	[beχrotiŋ]
política (f)	beleid	[belæjt]
reforma (f)	hervorming	[herformiŋ]
radical (adj)	radikaal	[radikāl]

força (f)	mag	[maχ]
poderoso (adj)	magtig	[maχtəχ]
partidário (m)	ondersteuner	[ondərstøənər]
influência (f)	invloed	[influt]

regime (m)	bewind	[bevint]
conflito (m)	konflik	[konflik]
conspiração (f)	sameswering	[samesweriŋ]
provocação (f)	uitdaging	[œitdaχiŋ]

derrubar (vt)	omvergooi	[omferχoj]
derrube (m), queda (f)	omvergooi	[omferχoj]
revolução (f)	revolusie	[refolusi]
golpe (m) de Estado	staatsgreep	[stāts·χreəp]

golpe (m) militar	militêre staatsgreep	[militærə stātsχreəp]
crise (f)	krisis	[krisis]
recessão (f) econômica	ekonomiese agteruitgang	[εkonomisə aχtər·œitχaŋ]
manifestante (m)	betoër	[betoɛr]
manifestação (f)	demonstrasie	[demoŋstrasi]
lei (f) marcial	krygswet	[krajχs·wet]
base (f) militar	militêre basis	[militærə basis]

| estabilidade (f) | stabiliteit | [stabilitæjt] |
| estável (adj) | stabiel | [stabil] |

| exploração (f) | uitbuiting | [œitbœitiŋ] |
| explorar (vt) | uitbuit | [œitbœit] |

racismo (m)	rassisme	[rassismə]
racista (m)	rassis	[rassis]
fascismo (m)	fascisme	[faʃismə]
fascista (m)	fascis	[faʃis]

194. Países. Diversos

estrangeiro (m)	vreemdeling	[freəmdeliŋ]
estrangeiro (adj)	vreemd	[freəmt]
no estrangeiro	in die buiteland	[in di bœitəlant]

emigrante (m)	emigrant	[ɛmiχrant]
emigração (f)	emigrasie	[ɛmiχrasi]
emigrar (vi)	emigreer	[ɛmiχreər]

Ocidente (m)	die Weste	[di vestə]
Oriente (m)	die Ooste	[di oestə]
Extremo Oriente (m)	die Verre Ooste	[di ferrə oestə]

civilização (f)	beskawing	[beskaviŋ]
humanidade (f)	mensdom	[mɛŋsdom]
mundo (m)	die wêreld	[di værəlt]
paz (f)	vrede	[fredə]
mundial (adj)	wêreldwyd	[værəlt·wajt]

pátria (f)	vaderland	[fadər·lant]
povo (população)	volk	[folk]
população (f)	bevolking	[befolkiŋ]
gente (f)	mense	[mɛŋsə]
nação (f)	nasie	[nasi]
geração (f)	generasie	[χenerasi]

território (m)	gebied	[χebit]
região (f)	streek	[streək]
estado (m)	staat	[stāt]

tradição (f)	tradisie	[tradisi]
costume (m)	gebruik	[χebrœik]
ecologia (f)	ekologie	[ɛkoloχi]
índio (m)	Indiaan	[indiān]

cigano (m)	Sigeuner	[siχøənər]
cigana (f)	Sigeunerin	[siχøənərin]
cigano (adj)	sigeuner-	[siχøənər-]

império (m)	rijk	[rijk]
colônia (f)	kolonie	[koloni]
escravidão (f)	slawerny	[slavərnaj]
invasão (f)	invasie	[infasi]
fome (f)	hongersnood	[hoŋərsnoət]

195. Grupos religiosos mais importantes. Confissões

| religião (f) | godsdiens | [χodsdiŋs] |
| religioso (adj) | godsdienstig | [χodsdiŋstəχ] |

crença (f)	geloof	[χeloəf]
crer (vt)	glo	[χlo]
crente (m)	gelowige	[χeloviχə]

| ateísmo (m) | ateïsme | [ateïsmə] |
| ateu (m) | ateïs | [ateïs] |

cristianismo (m)	Christendom	[χristəndom]
cristão (m)	Christen	[χristən]
cristão (adj)	Christelik	[χristəlik]

catolicismo (m)	Katolisisme	[katolisismə]
católico (m)	Katoliek	[katolik]
católico (adj)	katoliek	[katolik]

protestantismo (m)	Protestantisme	[protestantismə]
Igreja (f) Protestante	Protestantse Kerk	[protestantsə kerk]
protestante (m)	Protestant	[protestant]

ortodoxia (f)	Ortodoksie	[ortodoksi]
Igreja (f) Ortodoxa	Ortodokse Kerk	[ortodoksə kerk]
ortodoxo (m)	Ortodoks	[ortodoks]

presbiterianismo (m)	Presbiterianisme	[presbiterianismə]
Igreja (f) Presbiteriana	Presbiteriaanse Kerk	[presbiteriãŋsə kerk]
presbiteriano (m)	Presbiteriaan	[presbitəriãn]

| luteranismo (m) | Lutheranisme | [luteranismə] |
| luterano (m) | Lutheraan | [lutərãn] |

| Igreja (f) Batista | Baptistiese Kerk | [baptistisə kerk] |
| batista (m) | Baptis | [baptis] |

| Igreja (f) Anglicana | Anglikaanse Kerk | [anχlikãŋsə kerk] |
| anglicano (m) | Anglikaan | [anχlikãn] |

mormonismo (m)	Mormonisme	[mormonismə]
mórmon (m)	Mormoon	[mormoən]
Judaísmo (m)	Jodendom	[jodɛndom]

judeu (m)	Jood	[joət]
budismo (m)	Boeddhisme	[buddismə]
budista (m)	Boeddhis	[buddis]
hinduísmo (m)	Hindoeïsme	[hinduïsmə]
hindu (m)	Hindoe	[hindu]
Islã (m)	Islam	[islam]
muçulmano (m)	Islamiet	[islamit]
muçulmano (adj)	Islamities	[islamitis]
xiismo (m)	Sjia Islam	[ʃia islam]
xiita (m)	Sjïit	[ʃïit]
sunismo (m)	Sunni Islam	[sunni islam]
sunita (m)	Sunniet	[sunnit]

196. Religiões. Padres

padre (m)	priester	[pristər]
Papa (m)	die Pous	[di pæʊs]
monge (m)	monnik	[monnik]
freira (f)	non	[non]
pastor (m)	pastoor	[pastoər]
abade (m)	ab	[ap]
vigário (m)	priester	[pristər]
bispo (m)	biskop	[biskop]
cardeal (m)	kardinaal	[kardinãl]
pregador (m)	predikant	[predikant]
sermão (m)	preek	[preək]
paroquianos (pl)	kerkgangers	[kerk·χaŋərs]
crente (m)	gelowige	[χeloviχə]
ateu (m)	ateïs	[ateïs]

197. Fé. Cristianismo. Islão

Adão	Adam	[adam]
Eva	Eva	[efa]
Deus (m)	God	[χot]
Senhor (m)	die Here	[di herə]
Todo Poderoso (m)	die Almagtige	[di almaχtiχə]
pecado (m)	sonde	[sondə]
pecar (vi)	sondig	[sondəχ]
pecador (m)	sondaar	[sondãr]
pecadora (f)	sondares	[sondares]
inferno (m)	hel	[həl]

paraíso (m)	paradys	[paradajs]
Jesus	Jesus	[jesus]
Jesus Cristo	Jesus Christus	[jesus χristus]

Espírito (m) Santo	die Heilige Gees	[di hæjliχə χees]
Salvador (m)	die Verlosser	[di ferlossər]
Virgem Maria (f)	die Maagd Maria	[di mãχt maria]

Diabo (m)	die duiwel	[di dœivəl]
diabólico (adj)	duiwels	[dœivɛls]
Satanás (m)	Satan	[satan]
satânico (adj)	satanies	[satanis]

anjo (m)	engel	[ɛŋəl]
anjo (m) da guarda	beskermengel	[beskerm·eŋəl]
angelical	engelagtig	[ɛŋəlaχtəχ]

apóstolo (m)	apostel	[apostəl]
arcanjo (m)	aartsengel	[ārtseŋəl]
anticristo (m)	die antichris	[di antiχris]

Igreja (f)	Kerk	[kerk]
Bíblia (f)	Bybel	[bajbəl]
bíblico (adj)	bybels	[bajbəls]

Velho Testamento (m)	Ou Testament	[æʊ testament]
Novo Testamento (m)	Nuwe Testament	[nuvə testament]
Evangelho (m)	evangelie	[ɛfanχəli]
Sagradas Escrituras (f pl)	Heilige Skrif	[hæjliχə skrif]
Céu (sete céus)	hemel	[heməl]

mandamento (m)	gebod	[χebot]
profeta (m)	profeet	[profeət]
profecia (f)	profesie	[profesi]

Alá (m)	Allah	[allah]
Maomé (m)	Mohammed	[mohammet]
Alcorão (m)	die Koran	[di koran]

mesquita (f)	moskee	[moskeə]
mulá (m)	moella	[mulla]
oração (f)	gebed	[χebet]
rezar, orar (vi)	bid	[bit]

peregrinação (f)	pelgrimstog	[pɛlχrimstoχ]
peregrino (m)	pelgrim	[pɛlχrim]
Meca (f)	Mecca	[mɛkka]

igreja (f)	kerk	[kerk]
templo (m)	tempel	[tempəl]
catedral (f)	katedraal	[katedrāl]
gótico (adj)	Goties	[χotis]
sinagoga (f)	sinagoge	[sinaχoχə]
mesquita (f)	moskee	[moskeə]
capela (f)	kapel	[kapəl]
abadia (f)	abdy	[abdaj]

| convento (m) | klooster | [kloəstər] |
| monastério (m) | klooster | [kloəstər] |

sino (m)	klok	[klok]
campanário (m)	kloktoring	[klok·toriŋ]
repicar (vi)	lui	[lœi]

cruz (f)	kruis	[krœis]
cúpula (f)	koepel	[kupəl]
ícone (m)	ikoon	[ikoən]

alma (f)	siel	[sil]
destino (m)	noodlot	[noədlot]
mal (m)	die bose	[di bosə]
bem (m)	goed	[χut]

vampiro (m)	vampier	[fampir]
bruxa (f)	heks	[heks]
demônio (m)	demoon	[demoən]
espírito (m)	gees	[χeəs]

| redenção (f) | versoening | [fersuniŋ] |
| redimir (vt) | verlos | [ferlos] |

missa (f)	kerkdies	[kerkdis]
celebrar a missa	die mis opdra	[di mis opdra]
confissão (f)	bieg	[biχ]
confessar-se (vr)	bieg	[biχ]

santo (m)	heilige	[hæjliχə]
sagrado (adj)	heilig	[hæjləχ]
água (f) benta	wywater	[vaj·vatər]

ritual (m)	ritueel	[ritueəl]
ritual (adj)	ritueel	[ritueəl]
sacrifício (m)	offerande	[offerandə]

superstição (f)	bygeloof	[bajχəloəf]
supersticioso (adj)	bygelowig	[bajχəlovəχ]
vida (f) após a morte	hiernamaals	[hirna·māls]
vida (f) eterna	ewige lewe	[εviχə levə]

TEMAS DIVERSOS

198. Várias palavras úteis

ajuda (f)	hulp	[hulp]
barreira (f)	hindernis	[hindərnis]
base (f)	basis	[basis]
categoria (f)	kategorie	[kateχori]
causa (f)	rede	[redə]
coincidência (f)	toeval	[tufal]
coisa (f)	ding	[diŋ]
começo, início (m)	begin	[beχin]
cômodo (ex. poltrona ~a)	gemaklik	[χemaklik]
comparação (f)	vergelyking	[ferχelajkiŋ]
compensação (f)	kompensasie	[kompɛnsasi]
crescimento (m)	groei	[χrui]
desenvolvimento (m)	ontwikkeling	[ontwikkeliŋ]
diferença (f)	verskil	[ferskil]
efeito (m)	effek	[ɛffek]
elemento (m)	element	[ɛlement]
equilíbrio (m)	balans	[balaŋs]
erro (m)	fout	[fæʊt]
esforço (m)	inspanning	[inspanniŋ]
estilo (m)	styl	[stajl]
exemplo (m)	voorbeeld	[foərbeəlt]
fato (m)	feit	[fæjt]
fim (m)	einde	[æjndə]
forma (f)	vorm	[form]
frequente (adj)	gereeld	[χereəlt]
fundo (ex. ~ verde)	agtergrond	[aχtərχront]
gênero (tipo)	soort	[soərt]
grau (m)	graad	[χrãt]
ideal (m)	ideaal	[ideãl]
labirinto (m)	labirint	[labirint]
modo (m)	manier	[manir]
momento (m)	moment	[moment]
objeto (m)	objek	[objek]
obstáculo (m)	hinderpaal	[hindərpãl]
original (m)	origineel	[oriχineəl]
padrão (adj)	standaard	[standãrt]
padrão (m)	standaard	[standãrt]
paragem (pausa)	pouse	[pæʊsə]
parte (f)	deel	[deəl]

partícula (f)	deeltjie	[deəlki]
pausa (f)	pouse	[pæusə]
posição (f)	posisie	[posisi]
princípio (m)	beginsel	[beχinsəl]

problema (m)	probleem	[probleəm]
processo (m)	proses	[proses]
progresso (m)	vooruitgang	[foərœitχaŋ]
propriedade (qualidade)	eienskap	[æjeŋskap]

reação (f)	reaksie	[reaksi]
risco (m)	risiko	[risiko]
ritmo (m)	tempo	[tempo]
segredo (m)	geheim	[χəhæjm]
série (f)	reeks	[reəks]

sistema (m)	sisteem	[sisteəm]
situação (f)	toestand	[tustant]
solução (f)	oplossing	[oplossiŋ]
tabela (f)	tabel	[tabəl]
termo (ex. ~ técnico)	term	[term]

tipo (m)	tipe	[tipə]
urgente (adj)	dringend	[driŋən]
urgentemente	dringend	[driŋən]
utilidade (f)	nut	[nut]

variante (f)	variant	[fariant]
variedade (f)	keuse	[køəsə]
verdade (f)	waarheid	[vārhæjt]
vez (f)	beurt	[bøərt]
zona (f)	sone	[sonə]

www.ingramcontent.com/pod-product-compliance
Lightning Source LLC
Chambersburg PA
CBHW071339090426
42738CB00012B/2948